Frieden sei mit Euch.

Inhaltsverzeichnis:

www.charta-der-weltethik.de

ISBN 3 - 8311 - 3372 - 7

Copyright by *Pierre Sens*, 2002

Printed in Germany
by Books on Demand

Vorwort

Die Welt braucht eine *Charta der Weltethik*!

Dieses Buch soll

a) ein Leitfaden zu Diskussionen sein, die notwendig sind, um eine universelle *Charta der Weltethik* formulieren zu können,

b) einen Anstoß geben, diesen Prozess in die Agenda 21 zu integrieren und

c) eine Anregung sein, die Rolle der Religion in diesem Zusammenhang neu zu überdenken und zu bewerten.

Der Ruf nach einer verbindlichen globalen Charta wurde durch die Biowissenschaften in den letzten Jahren immer lauter und aufgrund der Fortschritte, die sie vollzogen, auch immer notwendiger. Aber auch zunehmender Terror und weitere Kriege, insbesondere diejenigen, die durch den Kampf der Religionen (national wie international) ausgelöst wurden, machen die Formulierung einer *Charta der Weltethik* mittlerweile für die Menschheit lebensnotwendig.

Bestehende Versuche eine Charta zu definieren unterlagen oft dem Fehler, zu sehr auf die Biowissenschaften ausgerichtet zu sein und sie waren hinter verschlossenen Türen von isolierten und elitären Gruppen erstellt worden. Wenn noch ein Ethikrat, wie in Deutschland, vom führenden Regierungsmitglied ins Leben gerufen und mit einer Handvoll auserlesener Persönlichkeiten („*Freunde*") besetzt wird, kann man davon ausgehen, dass dies kein unabhängiger Ethikrat mehr ist, sondern dass es sich hier um eine Institution handelt, die die Weisungen der Regierung moralisch-ethisch aufwerten soll. Und auch ein von Kirchen und Theologen inszenierter Ethikrat kann man nicht als ein unabhängiges Gremium bezeichnen, da er

a) nicht breitflächig basisdemokratisch agiert und

b) fest an Glaubensrichtungen gebunden ist und damit

c) Teile der Bevölkerung in seinen Entscheidungsprozessen nicht mit einschließen kann.

Eine Weltethikcharta muss aber von einer breiten Bevölkerungsschicht mitgetragen werden, das heißt, sie muss auch in die Diskussionen mit einbezogen werden und an den notwendigen Entscheidungen beteiligt sein.

Das macht natürlich die Aufstellung einer globalen Ethik schwierig, aber für eine international anerkannte *Charta der Weltethik* gibt es kein besseres Mittel zum Frieden in der Welt. Denn nichts ist verbindlicher als eine Charta, die die Menschen aller Länder gemeinsam aufstellen und mittragen.

Vermutlich ist es leichter zum Mond zu fliegen, als ein derartiges Projekt durchzuführen, aber dieses Projekt ist zur Zeit sinnvoller, als der Flug in das Weltall hinein. Von daher sind die Regierungen aller Staaten aufgefordert, ein solches Projekt zu fördern und die notwendigen Gelder hierfür bereitzustellen.

Den Regierungen sollte das kein Luxus sein, sondern moralische Pflicht. Und nur totalitäre Regimes (sogenannte „*Schurkenstaaten*") werden dieser Pflicht nicht nachkommen wollen, da sie sie in ihren elementarsten Grundsätzen treffen würde, da einerseits jeglicher Totalitarismus durch eine solche Charta ausgeschlossen wird und andererseits die Pflicht zum Guten besteht – zum moralisch Richtigen und zum ethisch Vertretbaren.

Was aber das *moralisch Richtige* und was das *ethisch Vertretbare* ist, legen die Menschen aller Nationen dann mit einer *Charta der Weltethik* selbst fest. Verbindlich für die Staaten dieser Welt.

Charta der Weltethik und *Agenda 21*

Wie organisiert man die Beteiligung der Bevölkerung an einer *Charta der Weltethik*?

Zentral – von oben nach unten, mit weitgehender Reglementierung? Oder dezentral – von unten nach oben, von selbsternannten Ethik-Gruppen, Bürgerinitiativen und ehrenamtlichen Helfern in freier und vielleicht damit auch ein wenig in chaotischer Wahl?

Die Ausarbeitung einer globalen Ethikcharta, also der *Charta der Weltethik*, gehört in den **Agenda 21**-Prozess mit eingebunden, um die Bevölkerung in einem basisdemokratischen Verfahren hieran beteiligen zu können. Und es wäre quasi eine Mischlösung aus oben genannter Problemstellung. Ob die „*Charta der Weltethik*" dann ein Sammelsurium ethischer Grundsätze werden wird oder auch mehr, darüber werden die Menschen dann selbst entscheiden.

Wir brauchen uns also von keiner Regierung und von keiner kirchlichen Organisation einen Ethikrat vor die Nase setzen zu lassen, der uns lehren will, was Ethik ist und was nicht. Wir selbst haben es vielmehr in der Hand darüber entscheiden zu können, wie sich Ethik ausgestalten soll. Und mit der *Agenda 21* haben wir das politische Instrument dazu, dies auch zum politischen Standard zu machen. Dabei ist das kein lokales oder nationales Instrument, sondern ein internationales, da die *Agenda 21* weltumspannend ist und von den *Vereinten Nationen* mitgetragen wird. Es liegt also an jedem selbst zu entscheiden, ob er mitmachen will oder nicht, und wenn ja, wie intensiv er sich beteiligt, und wie weit es ihm möglich ist, noch andere zum Mitmachen zu motivieren.

Die *Agenda 21* entstand 1992 in Rio de Janeiro unter Teilnahme von Vertretern aus 178 Ländern, um Zukunftsprogramme zu entwickeln und drängende Probleme gemeinsam mit Politik, Verwaltung, Wirtschaft und Organisationen anzugehen. Dieser sogenannte *Erdgipfel* war die bis dahin größte Gipfelkonferenz aller Zeiten, die im Verlauf der Konferenz der *Vereinten Nationen für Umwelt und Entwicklung* (UNCED) die Regierungschefs aller teilnehmenden Länder am grünen Tisch vereinte. Die Kommission aus Regierungsvertretern stellte fest, dass die Weltwirtschaft zwar die Bedürfnisse und legitimen Wünsche der Menschen befriedigen müsse, ihr Wachstum aber die ökologischen Grenzen der Erde nicht sprengen dürfe. Die *Agenda 21* wurde von den *Vereinten Nationen* zum Abschluss der Konferenz als internationales Abkommen für eine soziale, wirtschaftliche und umweltbezogene nachhaltige Entwicklung unterzeichnet. Was jedoch in ihrem Programm als einer der Hauptpunkte fehlte, war die Ethik. Die Ethik ist die Grundlage allen Handelns. Ethik ist auch die Gesamtheit der sittlichen Grundsätze, die notwendig sind, um in einer sozialen Gemeinschaft gütig miteinander leben und überleben zu können. Es kann daher keine soziale, wirtschaftliche und umweltschützende nachhaltige Entwicklung ohne Ethik geben.

Dies muss man zudem noch im Hinblick darauf sehen, dass unsere Gesellschaft voranschreitet weiter multiethnisch und multi-kulturell zu werden, was zu weitläufigeren Spannungen in der Bevölkerung führt und damit verbunden zu sozialen Risiken. Erst wenn die Menschen sich ethisch verpflichtet fühlen, sozial und umweltfreundlich zu denken und auch in ihrem Wirtschaftsleben danach handeln wollen, werden sie es auch vermögen Ethik nicht nur zu verstehen (und damit verbunden, dass es neben Rechten auch entsprechende Pflichten gibt) und diese zu akzeptieren, sondern auch umzusetzen. Insofern muss nachtragend die Ethik in die *Agenda 21* eingeführt werden. Hierzu bedarf es aber keiner Entscheidungs-findung von oben, also von den *Vereinten Nationen* ausgehend, denn die Agenda ist so ausgelegt, dass jeder Bürger selbst dies lokal hinzufügen kann. Die *Agenda 21* ruft nämlich dazu auf, Strategien für eine bessere Welt zu erarbeiten unter weitgehender Beteiligung von Regierungen, Nichtregierungsorganisationen und der Öffentlich-keit, also aller Staatsbürger. Die erarbeiteten Ergebnisse sollen Anleitungen für die Regierungspolitiker sein. Diese sind aufgefor-dert, die erarbeiteten Vorschläge auch umzusetzen. Man nennt die *Agenda 21* daher auch eine demokratische „*intergouvernementale*" Entscheidungsfindung. Sie ist aber viel mehr. Wenn man die *Agenda 21* verstärkt nutzt, kann man sie auch als eine moderne Form der außerparlamentarischen Opposition betrachten, oder zumindest ihr diese Rolle zuschreiben, mitgestalterisch und verantwortungsvoll im Sinne einer aktiven bürgerbeteiligten Politik außerhalb der Parteien und der Regierungen für gesetzgebende Verfahren im Sinne einer zukunftsfähigen Welt. Sie sollte aber nicht neben oder gegen das Kommunalparlament arbeiten, sondern sie soll das Kommunal-parlament in die Entscheidungsfindung mit einbeziehen, da der Gemeinderat nachher ja seine Politik daraus ableiten soll. Und ohne den notwendigen Ratsbeschluss bleiben die erarbeiteten Ergebnisse ohne Wirkung, da sie nicht rechtsverbindlich sind. Wenn man also einen lokalen Agenda-Prozess startet, dann muss er in der Regel auch beim Gemeinderat landen. Und erst wenn der Gemeinderat die abgegebene Empfehlung für Beschlüsse auch in rechtliche Entscheidungen umgesetzt hat, ist das Projekt im Ziel angelangt. Bis dahin ist es unter Umständen ein weiter Weg. Untergliedert man ein großes Projekt in einzelne Etappen, so hat man zumindest schneller Teilerfolge, was die Motivation erhöht das Projekt weiter voranzutreiben. Aber kein Bürger muss mehr in eine Partei eintreten, um sich aktiv in der Politik beteiligen zu können. Dies kann er auch als Unparteiischer im Rahmen der *Agenda 21*.

Bisher gibt es allerdings noch kein rechtlich definiertes Vorgehen und keine eingeübte Praxis für die Erstellung von lokalen Agenden. Die Ausgestaltung dieser Prozesse bleibt den Kommunen überlassen. Dies hat gewiss Vorteile, da hierdurch ein hohes Maß an freier Gestaltung gesichert ist. Man ist aber schon auf sich selbst und sein Eigenengagement angewiesen, da es entsprechend wenig Hilfestellung gibt. Man wird also sein Handlungsprogramm für eine lokale Agenda als ein ganzheitliches Konzept formulieren müssen, in welchem rechtliche, finanzielle, organisatorische, informative und partizipatorische Handlungsaktivitäten entsprechende Berücksichtigung finden werden. Um die Ziele der Projekte verwirklichen zu können, muss man also die Voraussetzung hierfür schaffen, in dem man die Konzepte umsetzungsorientiert erarbeitet. Die erarbeiteten Ergebnisse sollen ja so entworfen sein, dass sie von den Regierungen (bzw. Gemeinderäten) beachtet werden und sie sollen in die lokale, regionale, gegebenenfalls auch in die nationale wie auch in die internationale Gesetzgebung mit einfließen. Diese Agenda kann also direkt und indirekt ins politische Geschehen eingreifen, und das (entsprechend unserer Zeit) nicht nur auf nationaler, sondern eben auch auf globaler Ebene, da Ergebnisse und Lösungen bis zu den UN-Ausschüssen gelangen können.

Entscheidungen, die dann dort getroffen werden, sind für viele Staaten bindend. Damit dies auch gewährleistet wird, sind die Regierungen, wie auch die NRO`s (Nichtregierungsorganisation), dazu eingeladen, den Prozess nicht nur mitzugestalten (in ihrem Fachbereich), sondern insgesamt auch zu verfolgen und zu beurteilen. Das öffnet den NRO`s auch die Tür zu internationalen Verhandlungen mit Staaten. Dazu gehört auch die Förderung der

Partnerschaft zwischen NRO's und Regierungen, bzw. zu den lokalen, regionalen und nationalen Behörden. Das Fachwissen der NRO`s, wie auch das einzelner Bürger, ist im *Agenda 21*-Prozeß sehr gefragt. Die *Vereinten Nationen* sind angehalten finanzielle und administrative Unterstützung den beteiligten Organisationen zukommen zu lassen. Verstärkt muss man das jetzt auch von den lokalen, regionalen und nationalen Behörden und Regierungsstellen verlangen. Die Länder sind nunmehr dazu verpflichtet zu gewährleisten, dass NRO`s Beratungsgruppen bilden dürfen, sowie Gesetze einzuführen, welche den NRO`s das Recht einräumen, juristische Schritte zum Schutz der öffentlichen Interessen einzuleiten.

Die Entwicklung eines Landes hängt also davon ab, wie sehr sich Bürger an der *Agenda 21* beteiligen und wie intensiv sich die Zusammenarbeit mit der Politik gestaltet. Die Teilnahme geeigneter Fachkräfte (ihres speziellen Gebietes) sollen auch dazu beitragen, die Nichtfachleuten zu schulen, bzw. ihren Kenntnisstand zu verbessern. So hat das Ganze noch volksbildenden und im gewissen Sinne erzieherischeren Charakter. Damit ist die Beteiligung an der *Agenda 21* auch keine Frage des Alters oder der hochgradigen Fachkompetenz (was sie besonders für Schulklassen interessant macht, die engagierte Schüler haben), sondern des persönlichen Willens, seine Umwelt mitzugestalten und sich selber (stetig) kundiger machen zu wollen.

In den Städten (bzw. auf kommunaler Ebene) sollen seitdem Arbeitskreise und Runde Tische an einer zukunftsfähigen Entwicklung ihrer Kommunen (Städte, Dörfer, Landgebiete) und Gemeinschaften mitarbeiten. In diesem Prozess gehört aber unbedingt die Ethik mit hinein, da sie ein bindendes Glied zum sozialen Fortschritt und Frieden auf Erden ist. Bei der Umgestaltung der Kommunen (Dörfer wie Städte, oder auch nur schwach oder nichtbewohnter Landschaften) müssen ethische Grundsätze beachtet werden, wie auch die sozialen, ökonomischen und ökologischen Rahmenbedingungen.

In Deutschland ist die *Agenda 21* Sache der Kommunen und diese unterliegen dem Landesgesetzgeber. Sie unterliegen aber nicht der Bundesregierung, weswegen es keine einheitliche Regelung gibt (bzw. überhaupt keine). Die Teilnahme an der *Agenda 21* soll eine freiwillige Sache sein, dies gehört zu ihren Grundsätzen. Aber die Beteiligung ist mit schätzungsweise bundesweit knapp 2.000 Kommunen (von ca. 15.000 kommunaler Gebietskörperschaften in

Deutschland) noch eher gering, deshalb sollte der Landesgesetzgeber Fördermittel zur Verfügung stellen, um den Prozess forcieren zu können, denn die erarbeiteten Ergebnisse kommen ja unmittelbar der Kommune und damit auch dem Land wieder zugute. Sie könnten aber auch Gesetze oder Verordnungen erlassen, die die Kommunen hierzu auffordern dies zu tun, also Fördermittel zur Verfügung zu stellen und sich damit an dem *Agenda 21*-Prozeß beteiligen. Sollte es kein Geld geben, dann sollte das aber nicht der Verzicht sein hier tätig werden zu wollen, es sollte vielmehr einen *„Jetzt-erst-recht!"*-Effekt auslösen und man sollte versuchen mit Eigenmitteln oder Spenden (Sponsoring) notwendige Ausgaben zu begleichen. Den Denkzettel für unterlassene Hilfeleistung der Politiker kann es dann ja bei der nächsten Wahl geben.

Wünschenswert wäre, dass sich am Ethik-Projekt vor allem Kinder- und Menschenrechtler beteiligen, sowie Natur- und Tierschützer, damit das Feld nicht nachher Kräften überlassen bleibt, die womöglich andere Ziele verfolgen. Zudem bringen sie Fachkompetenzen für ihre speziellen Aufgabegebiete ein, die dringend notwendig sind. Und jede schon tätige Initiativgruppe sollte sich engagieren, in Nachbargemeinden die noch über keine lokale Agenda *„Charta der Weltethik"* verfügen, eine ins Leben zu rufen, damit sich dieses Projekt schnell fortpflanzt.

Natürlich gibt es die Frage, wie man vorgeht, wenn man in seinem Ort bei der *Agenda 21* mitmachen will. Das Einfachste ist sicher, wenn man sich einer bestehenden Gruppe anschließen kann. Dann hat die Kommune hierfür sicher eine Anlaufstelle, wo man mit Rat und Tat gerne weiterhilft. Man kann sich auch direkt an den Gemeinderat wenden oder an den Bürgermeister. Sollte es aber noch keine Gruppe (oder *Agenda 21*-Kontaktstelle) geben, insbesondere keine Gruppe zum Thema *„Charta der Weltethik"*, dann kann man sie selber ins Leben rufen. Wie man das angehen kann, ist in den verschiedenen Orten und Städten unterschiedlich.

Vier Grundschemata haben sich in den Kommunen für die Schaffung lokaler Agenden-Initiativen bewährt. Das ist:

a) der Antrag einer Gemeindefraktion und der Beschluss des Gemeinderats, die sogenannte *„Ratsinitiative"*

b) die Erarbeitung einer Verwaltungsvorlage auf Anweisung der Verwaltungsspitze, die sogenannte *„Verwaltungsinitiative"*

c) die Initiative von einzelnen Bürgern oder Mitgliedern von Vereinen oder Verbänden (und selbst auch Parteien), als die sogenannte *„Bürgerinitiative"*

d) und als Synthese der drei ersten Vorschläge ein gemeinsamer bzw. abgesprochener Start von Bürgerschaft, Gemeinderat und Verwaltung, die sogenannte *„Kooperative-Initiative"*.

Es liegt nun an jedem selbst und seinen Möglichkeiten, sich für einen Weg zu entscheiden. Wobei das Wichtigste natürlich ist, egal für welchen Weg man sich einmal entschieden hat, dass er möglichst von Erfolg geprägt ist. Den kann man aber nicht garantieren, den muss man mit viel Fleiß erarbeiten. Es gibt inzwischen auch Bücher zur Handlungspraxis, so dass man sich vorab gut informieren kann, welche Schritte man zum Start einer Agenda-Initiativgruppe unternehmen sollte, welche (Arbeits-)Methoden und Organisationsformen dazu notwendig sind. Hat man aber sein Projekt gestartet, sollte man es nicht versäumen beim Gemeinderat einen Etat zu beantragen, um etwaige Kosten decken zu können. Es liegt aber im Ermessen des Gemeinderates selbst, ob er ein Budget hierfür bereitstellen will oder nicht. Das Agenda-Plenum muss also schon einige Überzeugungsarbeit leisten, um Gelder bewilligt zu bekommen. Ansonsten bleibt Agenda-Arbeit ehrenamtliches Engagement, wo eine gewisse Bereitschaft da sein sollte, auch ein wenig Geld zu investieren, sofern es einem möglich ist. Es kommt ja der Allgemeinheit zugute und verhilft der eigenen Agenda-Sache sicherlich ein kleines Stück zum Erfolg.
Grundlage der lokalen Agenda-Arbeit sind:

- Bürger/innen
- gesellschaftliche Gruppen
- Träger öffentlicher Belange
- Verwaltung
- Politik
- andere.

Diese sind im Rahmen der lokalen Agenda tätig für:

- Soziales
- Stadtentwicklung
- Ethik
- Freizeit und Kultur
- Kinder- und Jugendparlamente
- Wohnen
- Umwelt
- Mobilität
- Wirtschaft
- Arbeit
- und andere Problemfelder.

Der Ablauf könnte folgendermaßen aussehen:

Mit einer Auftaktveranstaltung wird eine lokale Agenda oder ein Arbeitskreis begründet, dann folgen Arbeitskreis- und Workshop-Tagungen, Runde Tische und ähnliches. Die Ergebnisse werden später nach Abschluss der notwendigen Arbeiten in einem Bericht zur Diskussion im Rahmen einer Bürgerbeteiligung bereitgestellt. Das spätere Ergebnis wird der Öffentlichkeit präsentiert und dem Gemeinderat vorgelegt. In einer Klausurtagung berät der Gemeinderat über die erarbeiteten Ergebnisse und leitet daraus für Politik und Verwaltung Beschlüsse ab, die rechtlich bindend sind.

Erweiternd für die Ethik muss angefügt werden, dass lokale Agenda-Ethik-Gruppen aus ihrer Reihe einen Kommissionär wählen, der die Beteiligung zu anderen lokalen Agenda-Ethik-Gruppen herstellt (über deren Kommissionäre), die Partnerschaft pflegt und in einer Ethik-Kommission auf regionaler Ebene seine Agenda-Ethik-Gruppe bezüglich der erarbeiteten Ergebnisse vertritt, womit im Rahmen eines „*Charta der Weltethik*"-Entstehungsprozesses letztlich ein flächendeckendes Netzwerk hergestellt wird.

Das bedeutet, dass die erarbeitenden Ergebnisse zwar dem Gemeinderat vorgelegt werden sollen, zu seiner eigenen Information und Bildung, aber dass sie nicht unbedingt von ihm abgesegnet werden müssen wie bei anderen lokalen *Agenda21*-Problemfeldern. Es bedeutet aber nicht, dass das eine oder andere Ethik-Problem grundsätzlich nicht zur Vorlage und zur Abstimmung beim Gemeinderat vorliegen sollte. Es gibt sicherlich durchaus Fälle, wo dies notwendig sein kann. Beispielsweise wenn ein Bordell neben einem Kindergarten oder einer Schule eingerichtet werden soll. Da kann es durchaus ethische, bzw. moralische Überlegungen geben (und noch andere), ob man dem zustimmen will, kann oder nicht. Dies kann die Ethik-Agenda-Kommission formulieren und dem Gemeinderat zur Entscheidung durchaus vorlegen. Jedoch entscheidet der Gemeinderat per Beschluss nicht, was insgesamt Ethik ist oder was es nicht ist. Um die Integrierung der *Charta der Weltethik* aber im lokalen *Agenda 21-* Prozess populär zu machen, sollte sie sogar unter der Schirmherrschaft des ortsansässigen Bürgermeisters oder einer anderen ausgewählten kompetenten Person (Persönlichkeit) in der jeweiligen Kommune gestartet werden.

So wie es in der *Agenda 21* im ökologischen, wie auch im ökonomischen, heißt: *„Global denken, lokal handeln.“*, aber auch dem Sinne nach: *„Probleme müssen jetzt gelöst werden, damit man sie nicht in die Zukunft exportiert.“*, so muss man das jetzt auch auf die Ethik anwenden, mit all ihren vielen Facetten.

Die lokalen Ethik-Agendagruppen geben die erarbeiteten Vorschläge für eine Ethikcharta an die Landesstellen (Ethik-Plenum) ab, wo die Vorschläge gesammelt, bewertet und abgeglichen werden. Die Landesstellen (frei gewählte Vertreter der kommunalen Ethikkommissionen) geben den Hauptgehalt der erarbeiteten Vorschläge an eine übergeordnete Bundesstelle (gewählte Vertreter der Landeskommissionen) ab, wo die Vorschläge aus den einzelnen Landesstellen ebenfalls gesammelt, bewertet und abgeglichen werden. Die Bundesstelle behält aber das Ergebnis nicht für sich, sondern dies bekommt (in Europa) eine europäische Kommission, die die erarbeiteten Vorschläge aus den einzelnen europäischen Staaten sammelt, bewertet und abgleicht. Gleiches geschieht in Asien, Afrika und anderen Kontinenten, wenn diese sich ebenfalls an diesem Agenda-Ethikprojekt beteiligen. Und ob diese sich hieran beteiligen, hängt wiederum mit davon ab, ob die hiesigen Ethikgruppen ihren lokalen Ethik-Agendaprozess auch ins Ausland exportieren können und zudem gewillt sind, in anderen Ländern und Kontinenten, die dortigen Ethikgruppen mit zu unterstützen.

Die Ethik-Kommissionen der einzelnen Länder tragen ihre Ergebnisse in einer Weltethikkonferenz den *Vereinten Nationen* vor, auf der man sich auf den Text einer Charta einigen soll, die allen Bevölkerungsteilen gerecht wird. Sie wird dann den einzelnen Staaten zur Unterzeichnung vorgelegt. Diese sollen möglichst schon vorher, bevor sie ihr Ergebnis der Weltethikkonferenz vorgelegt haben, in ihrer eigenen Bevölkerung einen Volksentscheid hierzu herbeigeführt haben, ob die Bevölkerung diese Charta auch annehmen will oder nicht. Und wenn die Bevölkerung diese Charta akzeptiert, so soll sie dem Staat Verpflichtung und Würde sein. Und dieser Staat soll in seine Verfassung hineinschreiben, dass dies die Richtschnur des moralisch-sittlichen (und vielleicht auch religiösen) Lebens sei. Damit ist aber unter Umständen der Text für eine globale Charta noch nicht angenommen, denn die überwiegende Mehrheit der Staaten müssen ja zu diesem Schritt ebenfalls kommen.

Wenn Bevölkerungen einzelner Staaten den Text der globalen Charta ablehnen, dann ist eben diese Charta nicht einheitlich global. Dann ist es letztlich eine Frage des Mehrheitsverhältnisses, ob die einzelnen Bevölkerungsgruppen sich der Charta annähern wollen oder ob die Charta sich den ablehnenden Bevölkerungsgruppen annähern muss. Wenn keine Annäherung stattfindet und eine Bevölkerungsgruppe die (fast) weltumspannende Ethikcharta ablehnt, so hat sie doch zumindest eine eigene Charta erstellt, nach der sie leben wollen. Auch dies dürfte ein großer Erfolg sein. Möglicherweise wird es mehrere Menschengenerationen dauern, bis auf diese Weise sich die Menschen in ihren Unterschieden soweit angenähert haben, dass sie sich allesamt auf einen Text einigen können.

Wenn am Ende des Weges die *„Charta der Weltethik"* feststeht, dann war auch der Weg dorthin ein Erfolg. Manchmal ist ja eben selbst nur der Weg schon das Ziel.

Ethik

Ethik ist mehr als nur die *Gesamtheit sittlicher Grundsätze.*

Ethik ist die *Moral einer Gemeinschaft* (die sie sich selbst aufstellt) als Leitlinie ihres sittlichen Verkehrs untereinander.

Doch wofür brauchen die Menschen eine Leitlinie?

Sie brauchen sie, damit ihre Gemeinschaft (ja die Bevölkerungen überhaupt) leben und überleben kann. Arterhaltung des Menschen ist Sinn und Zweck einer Ethik.

So kann jede größere oder kleinere Gemeinschaft, jede Nation oder Religion ihre eigenen sittlichen Grundsätze aufstellen, sofern es nicht dem Grundsatz der Arterhaltung des Menschen widerspricht. Die Ethik eines Westeuropäers unterscheidet sich so von der eines Asiaten, die eines Arabers von der eines Südamerikaners. Ebenso sind die ethischen Inhalte einer östlichen Religion anderes definiert als die westlicher. Christen sind wiederum anders als die Islamiten – und so weiter. Sofern sich alle an dem Grundsatz der *„Arterhaltung des Menschen"* orientieren, handeln sie dann primär ethisch.

Moral (der Inbegriff von Verantwortungsbewusstsein, Disziplin, anständigem Verhalten und Tugendhaftigkeit) selbst ist jedoch eine Definition, deren Inhalt dynamisch und nicht grundsätzlich konkretisierbar ist. Da die Moral eine individuelle Angelegenheit ist, bei der jeder Mensch für sich selbst entscheidet, was er als sittlich zulässt oder nicht und er auch selbst darüber entscheiden will (als Teil seiner Persönlichkeit), welchen sittlichen Regeln und Normen er sich unterwerfen mag (und er auch von anderen erwartet, dass sie seinen sittlich guten, tugendhaften und anständigen Idealen folgen), spiegelt dagegen die Ethik das allgemein sittliche Verlangen einer ganzen Gesellschaft wider, nach welchen moralischen Grundsätzen sie leben will. So stellt sie aber erst auch das Sittengebäude auf, indem sie es formuliert.

Bei der persönlichen Moral wird es nicht näher definiert und wohl auch kaum schriftlich formuliert, sondern gelebt aus innen heraus. Hierzu spielen viele Faktoren eine Rolle, wie beispielsweise die Erziehung, Herkunft, Religion, soziale Umstände und so weiter. Und jeder moralische Mensch orientiert sich meist daran, für sich das größtmögliche Glück anzustreben als die Gesamtsumme aller Glückszustände in einem Spannungsfeld sittlicher Regeln, wobei die

Gesamtsumme des Leids so gering wie möglich gehalten werden soll, ohne möglichst die eigenen Sittengesetze dabei zu missachten.

Erst wenn die Ethik richtungsweisend formuliert ist, können die Menschen ihre persönlichen moralischen Grundsätze daraus ableiten, die durchaus auch eine Verringerung von subjektiven Glücksmomenten beinhalten können. Das ein jeder Mensch aber sofort tugendhaft wird im Sinne der dann aufgestellten Ethik, das darf man allerdings nicht erwarten. So wie man erst durch Singen zu einem Sänger wird und man durch intensives Fußballspielen erst zu einem Fußballspieler werden kann (immer fleißige Übung und Talent vorausgesetzt), so wird man auch erst durch stetige Tugendhaftigkeit zu einem ethischen Menschen sich auszubilden vermögen. Aber was dem einen Menschen das moralisch Richtige und Tugendhafte ist, kann einem anderen aus einem anderen Land mit einer anderen Tradition schon eine Unrechtmäßigkeit sein. Doch erst wenn die globale Ethik feststeht, werden sich alle an gleichen moralisch-sittlichen Grundsätzen ausrichten können.

Eine Ethik der Weltgemeinschaft, gibt es bislang aber noch nicht. Da die Welt aber in gewissem Sinne immer mehr zu einem Dorf wird und bei einer zunehmenden Erdbevölkerung die Menschen näher zusammenrücken müssen, ist eine globale Ethik immer zwingender. Eine globale Ethik wird jedoch nicht zur Allerweltskultur führen, vielmehr wird der gegenseitige Respekt und die wechselseitige Anerkennung im Vordergrund unterschiedlich entwickelter Kulturen stehen.

Um aber eine Weltethik aufstellen zu können, muss sie von der Bevölkerung mitgetragen werden. Sie soll das oberste Gebot sein, dass sich die Menschen selber stellen und welche als Richtlinie für menschliches Handeln gelten soll. Das bedeutet auch, diese Richtschnur soll in die Gesetze und Rechtsprechung mit einfließen, ebenso in das moralische Handeln und Wirken aller Menschen.

Um zu einer globalen Ethik kommen zu können, sind zuerst tiefreichende Fachfragen zu beantworten (beispielsweise in den Biowissenschaften). Dazu ist gleichzeitig eine Organisation auf die Beine zu stellen, die es ermöglicht, weltweit eine möglichst große Anzahl der Bevölkerung zu erreichen, um sie mitentscheiden zu lassen, wie der Text der *Charta der Weltethik* lauten soll. Mit Sicherheit ein schwieriges Unterfangen, um aber zu einer besseren Weltordnung kommen zu können, ist diese Charta ebenso unverzichtbar, wie es die Menschen- und Kinderrechte sind. Und

15

wer würde hierauf schon verzichten wollen? Aber sie darf kein Katalog der guten Vorsätze sein, sie soll vielmehr gelebt und auch umgesetzt werden. Das heißt, an sie müssen sich die Gesetze der Staaten orientieren und in ihrem moralischen Handeln die Menschen.

Wie könnte der Inhalt einer solchen Charta lauten?

An erster Stelle könnte stehen: *"Du sollst nicht töten Deinesgleichen (den Mensch)!"*

Weitere ethische Grundsätze könnten sein:

"Du sollst Mensch und Tier achten!

Du sollst die Natur pflegen und sie nicht zerstören!

Du sollst andere Menschen nicht bedrohen und sie nicht verletzen!

Du sollst in Maßen leben und andere in Maßen leben lassen!

Du sollst Menschen helfen in der Not!

Du sollst eine bessere Welt zurücklassen, als die, die Du selbst vorgefunden hast!

Du sollst die Kinder an erster Stelle in Deinem Leben stellen und Dich dafür in gleichem Maße zurücknehmen!

Die Richtlinie zur Erstellung einer Ethik könnte die Beantwortung folgender Fragen sein:

a) Was nützt der Menschheit? (befürworten)

b) Was schadet der Menschheit? (ablehnen).

Aber wie und an was können wir uns orientieren, wenn wir ethische Grundsätze aufstellen wollen? Wo liegt die Gesetzmäßigkeit, die bestimmt, was ethisch ist und was nicht?
Der Satz: „*Arterhaltung des Menschen ist Sinn und Zweck einer Ethik*" ist die Grundlage dieser Ethik. Aus diesen Worten ist

diese Ethik <u>Gesetz</u> geworden. Das bedeutet, die Arterhaltung des Menschen ist die Basis. Und diese Pflicht steht nunmehr über allen ethischen Entscheidungen. An diesen Grundsatz (an dieses Gesetz) können und müssen wir uns halten. Denn was würde uns die Ethik nutzen, wenn sie nicht der Arterhaltung des Menschen dienen sollte? Wenn sie nicht als Leitlinie des sittlichen Verkehrs der Menschen untereinander zu wirken hätte, damit die Menschen nicht ständig aneinander geraten? Soll die Ethik denn im Wesentlichsten nicht die Menschen hindern, mit Hilfe von Normen und Regeln sich gegenseitig schlimmes Leid anzutun?

Und dort, wo sie es tun, wo Menschen beispielsweise sich gegenseitig morden, handeln sie gegen diese Ethik und gegen diesen Grundsatz. Niemand kann Morde wirklich für ethisch gerechtfertigt halten. Nur der Mörder selbst wird es vielleicht tun wollen, der vor sich selber und vor anderen sich rechtfertigen will. Er leitet aber dann seine vermeintliche Ethik von anderen Gedankengebäuden ab, aber nicht von diesem ethischen Grundsatz, der Pflicht zur (Art-) Erhaltung des Menschen.

Ein Beispiel: Adolf Hitler`s Handeln und Wirken war darauf ausgerichtet, die Arterhaltung der *„arischen Rasse"* zu gewährleisten und meinte daraus ableiten zu können, andere Rassen vernichten zu dürfen. Indes hat er vielmehr der Arterhaltung der Menschheit geschadet und insofern war sein Handeln nicht nur verbrecherisch, sondern auch uneingeschränkt unethisch. Das gleiche gilt auch für andere, sie sich ebenso versündigen, einschließlich der Juden (aus dem Alten Testament, Buch Esther: *„Da wurde gerufen des Königs Schreiber... in den Ländern vom Indus bis zum Nil, hundertsiebenundzwanzig Ländern, einem jeden Lande in seiner Schrift, einem jedem Volk in seiner Sprache und auch den Juden in ihrer Schrift und Sprache.... Darin gab der König den Juden, in welchen Städten sie auch waren, die Erlaubnis, sich zu versammeln und ihr Leben zu verteidigen und alle Macht des Volks und Landes, die sie angreifen würden, <u>zu vertilgen, zu töten und umzubringen samt den Kindern und Frauen und ihr Hab und Gut zu plündern</u>... Eine Abschrift des Schreibens aber sollte als Gesetz erlassen werden in allen Ländern, um allen Völkern zu eröffnen, dass die Juden sich für diesen Tag bereithalten würden, sich zu rächen an ihren Feinden... So schlugen die Juden alle ihre Feinde mit dem Schwert <u>und töteten und brachten um und taten nach ihren Gefallen</u> an denen, die ihnen feind waren."*).

Wir können aber auch nicht aus dem ethischen Grundsatz *„der Arterhaltung des Menschen dienen zu müssen"* ableiten wollen, dass alles, was nicht der Arterhaltung der Menschheit nützt, vernichtet werden kann. Das wäre eine absolut falsche Schlussfolgerung.

Wenn es beispielsweise auf einem anderen Planeten (intelligentes) Leben gäbe, dann können wir nicht dahergehen und sagen, es nützt der Arterhaltung der Menschheit nichts, wir können es vernichten, ohne dass es unsere Ethik betreffen würde. Ob dieses Leben uns nützt oder nicht, können wir ja noch gar nicht entscheiden; wer weiß denn, ob es nicht einmal in ferner Zukunft Gründe geben könnte, dass diese Wesen dann doch zum Nutzen der Menschheit wären? Wenn aber eine Gefahr von ihnen für die Menschheit ausginge, dann dürften wir sie bekämpfen, um uns zu schützen. Das heißt aber auch: Krieg gegen extraterrestrisches Leben ja (sofern es welches geben sollte), wenn wir davon bedroht sind, aber kein Krieg unter den Menschen selbst. Darum gilt seit langem schon:

Die Welt braucht Friedensinitiativen, aber keine militärischen Operationen! Die Welt braucht Geld für humanitäre Hilfe, jedoch nicht für Kriegsgerät! Das heißt auch: *Stoppt die Waffenproduktion und beseitigt vorhandene Waffen, ohne dass Menschen hierbei zu Schaden kommen!*

Dies geht jetzt besonders an die Adresse des US-Präsidenten George W. Bush, der die Ausgaben für sein Militär nochmals um ca. 15 Prozent erhöhen will, auf jährlich über 500 Milliarden US-Dollar. Zudem häufen sich in letzter Zeit seine kriegstreibenden Reden und Ambitionen, so dass bereits schon Guido Westerwelle, der Vorsitzende der FDP (im Februar 2002), harsche Worte an die Amerikaner sandte, weil sie die Welt großer Kriegsgefahr damit aussetzen. Immer deutlicher tritt hervor, dass Bush sein *Feldzug gegen den Terrorismus* zum *Kampf der Kulturen* machen will, was verheerende Folgen für die Menschheit hätte. Realpolitiker vermuten zudem, dass Bush mit seinen außenpolitischen Aktionen nur innenpolitisch Pluspunkte sammeln und die in Rezension geratene amerikanische Wirtschaft damit ankurbeln will. Eine derartige Politik trägt jedoch nichts wirklich zur Lösung der Menschheitsprobleme bei. Und unethisch ist diese Politik damit ebenfalls.

Warum? Wer entscheidet hierüber?

Der Bürger selbst! Aber er braucht Entscheidungshilfen, um sich orientieren zu können, was ethisch vertretbar ist und was nicht. Viel unnutzes Zeug wurde von Philosophen (und von vermeintlichen Philosophen) geschrieben, die die Menschen noch mehr verwirrt haben, anstatt ihnen Richtung zu geben. Sie haben sich einen babylonischen Turm zusammenartikuliert, dessen Gedankengebäude niemand mehr verstehen konnte. Der Weg, den sie zeichneten, war ein geistiger Irrweg, der ins Land **Absurd**istan führte, mit teils schlimmen Folgen. Damit soll jetzt Schluss sein.

Am folgenden Schema kann und soll sich dagegen jeder orientieren:

Grundprinzip der Ethik

Arterhaltung der Menschheit

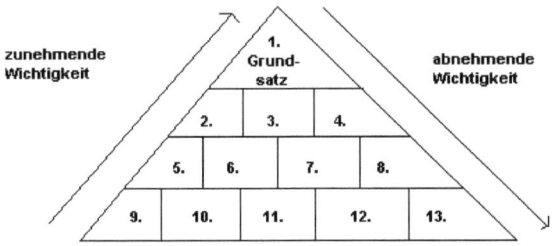

1. Grundsatz: Du sollst nicht töten Deinesgleichen - den Menschen

2. Grundsatz: Du sollst die Natur pflegen und sie nicht zerstören.

und so weiter

An dieses Schema kann und soll man sich halten, wenn man sich in seiner Entscheidungsfindung orientieren will. Je höher wir etwas in die Pyramide einordnen, um so weniger darf hiergegen verstoßen werden. Und in jedem einzelnen Grundsatz der globalen Pyramide kann wieder eine lokale Pyramide erscheinen, die sich mit den Teilproblemen beschäftigt. Damit ist schon das Prinzip der globalen Ethik erklärt, die zur *Arterhaltung der Menschheit* dienen soll. Diese Einfachheit ist wichtig, da nur sie die Chance zur

Globalität besitzt, denn sie muss ja auch von allen Menschen verstanden und umgesetzt werden können. Man braucht also in der Regel in den einzelnen Wissenschaftsbereichen kein Fachmann sein, um anhand dieses Prinzips feststellen zu können, wie man etwas ethisch bewerten kann.

Es ist dennoch klar, das wortgewandte Verbalakrobatiker auch dieses Prinzip in Frage stellen werden, um sich mit den Fabulierkünsten anderer messen zu lassen. Ethik ist aber keine Fabulierkunst und kein Spiel, sondern eine ernste Angelegenheit. Wenn es nämlich danach ginge, was man alles in Zweifel stellen könnte, dann kann man alles in Zweifel stellen, selbst seine eigene Existenz. Aber es geht hier nicht darum zu theoretisieren und unnutze endlose Debatten zu führen, ohne die Möglichkeit zu haben, eine Übereinkunft mit dem Widersacher erzielen zu können, weil seine Streitgespräche sich nur als Zeugnis einer verwahrlosten geistigen Kultur offenbaren werden, sondern es geht darum, Ethik festzusetzen, bzw. an einer Gesetzmäßigkeit festzumachen, damit man sich daran orientieren kann. Wie sonst will man Antworten auf Fragen finden können, die dringend gelöst sein müssen, um die Arterhaltung des Menschen sicherzustellen? Und wenn man die Ethik nicht unter dem Prinzip *„Arterhaltung des Menschen"* anwendet, dann muss man es auch hinnehmen, dass sogenannte Philosophen, bzw. selbsternannte Ethiker, auch das Töten von Menschen für ethisch vertretbar erklären, wie es ja in einzelnen Fällen bereits schon geschehen ist. Eine Ethik, die sich eben nicht auf oben Genanntes stützt, kann auch zur Rassenhygiene (Eugenik) herangezogen werden und *positiv* Stellung hierzu beziehen. So etwas darf es aber auf keinem Fall mehr geben, darum ist es eine Sache großer Vernunft, dies mit einer *Charta der Weltethik* für alle Zeiten zu unterbinden.

Wir Menschen brauchen Vernunft. Vernunft für eine Ethik. Vernunft, um zu überleben. Vernunft ist, das Gute zu tun und das Böse sein zu lassen. Und das Leben, sowie die Natur zu sehen als Gabe, Aufgabe und Vorgabe zugleich, so dass unser Handeln zu einer sinnvollen menschlichen Existenz führen kann. Diese Vernunft ist ebenso notwendig, um unser Leben nach ethischen und moralischen Prinzipien ordnen zu können. Ohne Vernunft keine Ordnung und ohne Vernunft keine Moral und Ethik.

Natürlich mag man sich fragen, wann der Mensch in die *„Natur"*, d. h. in die natürlichen Abläufe der Natur, eingreifen darf und wann nicht? Ob es schon reicht, wenn er nur dazu befähigt ist? Wenn ihm diese Befähigung also von Natur aus verliehen wurde, ist es dann nicht seine Pflicht, diese zu nutzen?

Natürlich ist es nicht nur des Menschen Recht, seine Befähigung zu nutzen, sondern vielleicht wohl auch seine Pflicht. Aber nur zum Guten hin und weder wider die natürlichen Abläufe, noch zum Schaden des Menschen. So ist es auch zweifelhaft, ob der Mensch Schöpfer spielen und in den genetischen Code eingreifen darf. Wenn ja, dann muss einwandfrei bewiesen sein, dass es weder wider der Natur ist, noch dass man den Menschen im Einzelnen, noch der Menschheit im Gesamten damit schadet. Solange dieser Beweis nicht erbracht ist, und das ist bis dato nicht geschehen, solange hat die Wissenschaft und die Forschung hier Zurückhaltung zu üben. Insbesondere gilt das für artüberschreitenden Gentransfer, denn was faktisch die Natur nicht macht, solle der Mensch sich auch nicht unbedingt anmaßen zu tun. Denn wenn es die Natur nicht getan hat, ist das sicherlich kein Mangel der Natur an sich, sondern es mag a priori ein Grund hierfür vorliegen, wenngleich uns dieser auch verborgen bleibt. Ein Eingriff des Menschen in die Schöpfung ist zwar wohl nur *Umgestaltung* von schon Vorhandenem, aber dennoch kann diese Umgestaltung dazu führen, dass das Umgestaltete von selbst seine Umwelt weiter umgestaltet und den Umgestalter, der das schon Vorhandene umgestaltet hat, also den Menschen, selbst im nachhinein umgestaltet, bzw. vernichtet. Die Gefahr liegt also in der Reaktion. Eine Reaktion, die erst auf Umwegen zu uns führen kann, unbemerkt und ungesehen.

Wenn wir also beispielsweise behaupten, das Klonen des Menschen sei ethisch vertretbar, dann müssen wir erst einmal die Frage beantworten, ob das Klonen des Menschen seiner Arterhaltung dient oder schadet.

Also, warum sollte man Menschen nicht Klonen?

Das grundlegendste ethische Prinzip ist die Forderung *„Du sollst nicht töten!"*, daraus leitet sich aber nicht positiv ab, *„Du sollst Leben schaffen!"*.

Natürlich ist es eine Angelegenheit der Arterhaltung Nachwuchs zu zeugen. In der Natur ist es so angelegt, dass auf natürliche Art, mittels Sexualtrieb, der Mensch bemüht ist Nachwuchs zu zeugen, mehr bedarf es dazu aber nicht. Daraus ergibt sich jedoch nicht, dass es nun des Menschen Pflicht ist, weil er für Nachwuchs sorgen kann, ständig Sex haben zu müssen, um nun massenhaft

Nachwuchs zu erzeugen, da er sich wähnen könnte, das sei eben seine Naturpflicht.

Gegenteilig könnte ein Überschuss an Menschen auf der Erde zu einer Katastrophe führen und die Arterhaltung der Spezies *homo sapiens* wäre damit gefährdet. Die Bevölkerungsexplosion hat nämlich die gleiche Auswirkung wie eine nukleare Katastrophe, denn Milliarden Menschen mehr auf der Erde bedeuten eine Verwüstung der Umwelt, wie es Hunderte Atombomben verrichten würden. Darum dient der ungehemmte Anstieg der Erdbevölkerung auch nicht dem Erhalt der Menschheit, sondern wird zu ihrem Untergang führen. Also ist Enthaltsamkeit (besser Verhütung) auch des Bürgers seine Pflicht. Dennoch meint nunmehr der Mensch im Besitz seiner derzeitigen Geisteskräfte, mittels einer Technik, die er sich aneignen konnte, den natürlichen Trieb abschaffen und überlisten zu müssen, um technisiert Nachwuchs produzieren zu können. Und nicht nur produzieren zu können, sondern auch selektiv nach Merkmalen den Menschen zu produzieren und seine ureigensten Eigenschaften auch zu ändern, ja den Mensch sogar zu technisieren zu einem Cyborger, also zu einem Mischwesen aus Technik und Lebendigkeit, im wahnsinnigen Irrglauben, er könne damit einen „*besseren Menschen*" schaffen. Einen besseren Menschen kann man damit aber nicht schaffen, wohl aber einen anderen „*Menschen*", wenngleich dieser „*Mensch*" dann vermutlich nicht mehr zur Spezies *homo sapiens* gehören würde.

Wenn man demzufolge voraussetzt, dass Ethik dafür da ist, die Art, also die Spezies Mensch, zu erhalten, und zwar auf Dauer zu erhalten, so kann das natürlich nicht dienlich sein, was die Wissenschaftler heute im Bereich Genmanipulation tun, da sie die Spezies Mensch (homo sapiens) nicht erhalten, sondern eine neue Spezies schaffen werden, den homo technicus, der die Spezies homo sapiens abschaffen soll. Das bedeutet, dass die Mediziner nicht Menschenleben retten mit ihren Genmanipulationen, sondern dass sie die Menschheit auslöschen werden durch Schaffung neuer Spezies. Also ist Klonen und gentechnische Manipulation am Menschen nicht ethisch vertretbar. Und es lassen sich noch weitere Argumente hierfür finden, warum man das nicht vertreten kann.

Mit Klonen macht man beispielsweise Menschen zur Züchtung, ja letztlich sogar zum Zuchtvieh. Der Mensch verliert hiermit seine Würde. Dem *Deutschen Recht* (und den *Menschenrechten)* nach, hat aber ein jeder Mensch ein Recht auf Würde.

Auch die Gleichheit vor dem Gesetz würde schwinden, wenn es die Möglichkeit gäbe, „*bessere*" Menschen zu züchten. Denn wer dann nicht zu dieser Population gehörte, wäre ja die „*schlechtere*" Menschenrasse. Das würde die Menschenrechte verletzen, nach der die Menschen an sich „*frei und gleich an Würde und Rechten geboren*" sind. Und diese Verletzung von Gleichheit und Würde wäre von einer Nachhaltigkeit, die viele kommende Generationen treffen würde. Die Menschheit würde sich spalten in immer „*bessere*" **gen**veränderte Populationen, quasi zu verschiedenen Sorten „*geniale Menschen*", und „*schlechtere*" Populationen, die Unbehandelten oder nur Teilbehandelten.

Wie bereits schon in der Politik und von verantwortungsvollen Wissenschaftlern gefordert wurde, könnte folgende Zusatzvereinbarungen in den Menschenrechtspakten stehen:

„*Jeder Mensch hat das Recht auf natürliches Erbgut. Niemand darf nachfolgende Generationen durch Eingriffe in die Keimbahn um dieses Recht bringen. Niemand darf auf Grund seiner Erbanlagen benachteiligt werden.*".

Und es könnte auch in eine *Charta der Weltethik* eingebunden werden. Das wäre doch sicher gut, oder? Doch was ist „*gut*"? Und was ist „*böse*"?

Gut und *Böse* sind Prädikate des Menschen. Sie haben aber primär, also von Natur her, keinen ethischen Hintergrund. So kann ein Fußballspiel gut gewesen sein, ohne dass man daran einen ethischen Maßstab anlegen kann. Erst dann, wenn die Prädikate Gut und Böse auf ethische Belange abzielen, haben sie einen ethischen Hintergrund. So kann die Frage, ab wann ist ein Mensch *gut* oder *böse*, durchaus eine ethische Qualifikation bedeuten. Gut ist ein Mensch dann, wenn er sich an hohen ethischen Maßstäben messen lassen kann, böse ist ein Mensch, wenn er diesen widerspricht. Der höchste ethische Ansatz ist die Aufforderung: „*Du sollst nicht töten!*". Wer sich hieran hält, ist an sich schon ein recht guter Mensch. Erweitern muss man das mit: „*Du sollst nicht töten lassen!*". Denn wer selbst nicht tötet, aber andere auffordert und anleitet, andere zu töten, der tötet mit. Folglich kann er kein guter Mensch nach ethischen Maßstäben sein.

Einen Mörder werden wir bedenkenlos als bösen Menschen bezeichnen. Das gilt auch dann, wenn der Mord auf Befehl geschah. Das aber werden die Herrschenden niemals zugestehen wollen, da sie ja ihr Volk auch bei Bedarf in einen Krieg ziehen lassen möchten.

Also „*Töten in einem Krieg ist keine Sünde*", behaupten sie, sondern *Staatsbürgerpflicht*. In religiösen Schriften hat man sich dieses Dilemmas auch angenommen, weil man den Königen und Herrschern ihr Heer lassen wollte, womit sie nun Krieg führen durften, und hat das Problem umgangen, indem man behauptete: „*Gott will es so!*" - wenn es denn von (Staats-)Rechts wegen (oder nach Belieben der Herrschenden) rechtens ist (aus dem Koran: „*Und tötet das Leben nicht, das Gott als unverletzlich gilt, es sei denn, nach dem Recht.*").

Und natürlich für Gott zu töten sei demzufolge auch keine Sünde. Vielmehr ist es nicht nur Recht, sondern auch des Gläubigen seine Pflicht (aus dem Koran: „*Bekämpfet sie, bis keine Verführung mehr besteht und die Religion Gottes einsetzt; hören sie auf so besteht Feindschaft nur gegen die Frevler.*"; aus dem Alten Testament, 5. Buch Mose „*Dem Herrn, eurem Gott, sollt ihr folgen und ihn fürchten... und ihm dienen... der Träumer soll sterben, weil er euch gelehrt hat, abzufallen von dem HERRN, eurem Gott...*").

Doch eine solche Handlung kann alleine wegen dieses Freispruchs niemals moralisch-ethisch gerechtfertigt sein, also auch dann nicht, wenn ein Befehl die Grundlage zu einer solchen Handlung war, selbst wenn es in religiösen Schriften so verlangt wird, und ein vermeintlicher *Gott* jegliche Sündhaftigkeit dem Töten abspricht. Jeder, der einem Befehl gehorcht, welcher unethisch ist, muss wissen, dass er unethisch handelt. Aus diesem Konflikt kommt er nur heraus, wenn er den Befehl verweigert. Wer also, um sein eigenes Leben zu retten, andere tötet, ist nicht frei von Schuld, selbst dann nicht, wenn er einem Befehl gehorcht. „*Jede Handlung, die ich vollführe, definiert letztlich mich.*" ist ein Grundsatz hierzu. Ich führe nicht nur Handlungen durch, sondern meine Handlungen konstruieren auch mich als Mensch. Damit sei ferner ausgesagt: „*Was du anderen antust, das tust du auch dir an!*". Man soll daher sich nicht vom Bösen überwinden lassen, sondern man soll das Böse überwinden – mit dem Guten. Sofern man kann. Denn es ist wie mit der Ehe, für den Ehe-Frieden braucht man beide Partner, für den Streit reicht einer. Ein Bösewicht kann also viel Gutes verderben.

Das Naturrecht beispielsweise ist ein Recht, welches sich nicht auf die menschliche Autorität begründet, vielmehr ist es den von Menschen gesetzten Rechten vorgelagert und bedarf daher keiner weiteren Legitimation, beispielsweise durch den Staat. Es beansprucht daher für jede Staatsinstanz - und überhaupt für jeden

24

Menschen - unbedingte Verbindlichkeit. Es ist damit ein überstaatliches Recht und zudem das grundlegendste Grundrecht der Menschen überhaupt. Es ist nämlich den Menschen ein angeborenes Recht (darunter auch beispielsweise das Recht auf Vater und Mutter oder auf den Tod). Jeder Mensch besitzt daher in gleichem Maße gleiche Naturrechte, es sind unabänderliche und unsterbliche Rechte. In unseren Ethik-Entscheidungen müssen wir dieses berücksichtigen. Die Natur hat uns Menschen ja hervorgebracht. Unser Leben ist somit ein Naturrecht. Das heißt, wir haben ein *„Recht auf Leben"*. Wir haben aber kein Recht zu töten; denn so wie wir das Recht auf Leben haben, so haben wir damit auch verbunden die *„Pflicht zu Leben"* und andere *„Leben zu lassen"*. Es ist also die unbedingte Natur-**Pflicht der Menschheit zum Dasein**. Darum ist das Grundprinzip der Ethik auch die *„Arterhaltung des Menschen"*. Es leitet sich quasi aus diesem Naturgesetz ab - von Recht und Pflicht des Daseins.

Aus jedem Gesetz ergeben sich *Rechte* und *Pflichten*. Das gleiche ergibt sich, wie schon erwähnt, auch aus dem Naturgesetz, wenngleich dies kein von Menschen geschaffenes Gesetz ist. Unser Dasein, die Welt im Gesamten, beruft sich eben nicht auf des Menschen Gesetz, sie ist auch ohne Mensch und sein erschaffenes Gesetzes existent und hat ihr eigenes inneres Gesetz [Logos], nachdem sie sich bewegt und ordnet und ihr Dasein begründet (weiteres hierzu auch im Internet unter „www.urformel.de"). Es gibt damit ein von Menschesgesetz unabhängiges Naturrecht und ebenso eine Naturpflicht. Oberste Pflicht jeglicher Gesetze ist, ob Naturrecht oder Menschenrecht nicht gegen die Gesetzlichkeit zu verstoßen.

Wenn es also ein Naturgesetz ist, dass tagsüber auf Erden die Sonne scheint und des Nachts Mond und Sterne am Himmel ihre Bahnen ziehen, dann wäre es wider die Natur, die Nacht mit einer künstlichen Sonne zu erhellen und am Tag mit Hilfe eines gigantischen Segels die Sonne zu verdecken, damit sich die Erde verdunkele. Wenn wir wider die Natur handeln, dann wird sie uns vernichten, da unsere uns umgebende Natur darauf entsprechend reagieren würde.

Wenn es des weiteren ein Naturgesetz ist, dass Menschen sterben müssen (unabhängig jetzt davon, wie der Tod eintritt), dann ist der Tod ein Recht des Menschen – aber auch seine Pflicht. Das bedeutet, dass ein Mensch ein Recht darauf hat sterben zu dürfen. Ein todkranker Mensch hat also das Recht sterben zu dürfen und darf nicht gegen seinen Willen länger am Leben gehalten werden, wenn er das nicht will. Es ist aber letztlich auch seine Pflicht zu sterben, wenn sein Körper nicht mehr lebendig sein kann und sein geschwächtes Leben nicht endlos am Leben zu erhalten, bzw. erhalten zu lassen mittels Technik oder anderer *unnatürlicher* Maßnahmen, um neuem gesunden Leben Platz zu schaffen, damit Leben weiter gedeihen und sich entfalten kann. So schließt sich der Kreislauf von Leben und Tod, von Geburt und Sterben, von Ursprung und Ende. Und jeder Vergehende trägt den Keim in sich zu neuem Leben. Jedes Ende ist der Anfang zu etwas Neuem. Und jedes Neue trägt in sich schon das Los zum Ende – zum Tod hin. Das ist ein Naturgesetz, Natur-*Recht* und Natur-*Pflicht*. Je mehr wir versuchen Naturrechte und –pflichten zu missachten, also gegen die Naturgesetze verstoßen, beispielsweise im Bemühen, dem Leben der Menschen zu ewigem Leben zu verhelfen, werden wir die Erfahrung machen müssen, dass wir das, was wir zu bewahren beabsichtigen, letztlich vernichten werden. Der Tod wird aber modernerweise als Verkürzung des Lebens angesehen, jedoch nicht als Erlösung von der Welt - und auch nicht als Anfang für Neues. Und er impliziert damit ein unerträgliches Verlustgefühl für den menschlichen Geist.

Doch sowie auch Menschen Rechte haben, Menschenrechte, so haben sie auch Pflichten, Menschenpflichten. Während die Menschenrechte, die sich durchaus auch naturrechtlich begründen können, von einem Zusammenschluss vieler Staaten festgelegt wurden, wurden die Menschenpflichten weniger erwähnt, da als oberste Pflicht ja überhaupt anzusehen ist, erst gar nicht gegen das Gesetz zu verstoßen, also auch nicht gegen die Menschenrechte. Es gibt aber durchaus weitere Pflichten, die man durchaus ethisch begründen könnte, die aber bisher nicht zum Kontext eines Gesetzes gehören („*Du sollst Vater und Mutter ehren!*") oder aber schon in ihm enthalten sind („*Du sollst nicht stehlen!*").

Des weiteren, wenn es die Natur so angelegt hat, und sie hat es so angelegt, dass ein jedes Kind **Vater** und **Mutter** hat, dann ist es ein natürliches Recht des Kindes *Vater und Mutter* zu haben - und natürlich seinen Vater und seine Mutter zu haben und nicht irgendwen anders als Vater oder Mutter vorgesetzt zu bekommen, es sei denn, unglückliche Umstände wie „*Todesfall eines Elternteils*" zwingen hierzu. Eine Rechtsprechung, wie noch immer in Deutschland praktiziert (wenngleich mit dem neuen Kindschaftsrecht von 1998 die Situation sich ein wenig gebessert hatte), die es einem

Elternteil ermöglicht nach Gutdünken dem Kind den anderen Elternteil zu entziehen (nach Trennung oder Scheidung) und dem Gesetz nach hierzu auch noch in <u>ehelich</u> und <u>unehelich</u> (eine Erfindung des Menschen) unterschieden wird, zu großem Nachteil der unehelichen Kinder, widerspricht dies klar dem Naturrecht und es verletzt die natürlichsten Gesetzlichkeiten der betreffenden Menschen auf das Erheblichste. Die *Deutsche Rechtsprechung* (was man dann da noch so „*Recht*" nennen kann), insbesondere was die Familienrichter daraus machen in meist freimütiger Überheblichkeit und moralischer Verwahrlosung, kann man in vielen Bereichen als <u>höchst unethisch</u> abqualifizieren. Nicht umsonst heftet seit Jahren das bittere Stigma einer „*Vaterlosen Gesellschaft*" Deutschland an. Eine ganze Generation von Vätern kämpft hiergegen und fordert von den Politikern eine ethischere Familienpolitik. Was betroffene Kinder und Jugendliche später aus ihren negativen und sicher sehr schmerzlichen Erfahrungen, ohne die Geborgenheit und Fürsorge ihres Vaters, dann machen werden, wenn sie selbst einmal Erwachsen geworden sind und vielleicht eines Tages sogar Positionen der Macht in Beruf und Gesellschaft erklimmen konnten, werden wir sicher noch zu spüren bekommen. Eine Gesellschaft, die in großem Umfang ihren Kindern die Väter nimmt und damit gegen Naturgesetz und Ethik verstößt, <u>richtet sich selbst</u>. Richtlinie von Politik und Gesetz darf daher nicht sein, dass Mütter nach Trennung und Scheidung ihren Kindern den Vater entziehen dürfen (ob ehelich oder unehelich ist hier vollkommen unerheblich), sondern gegenteilig haben sie dafür zu sorgen, dass den Kindern beide Elternteile erhalten bleiben, selbst wenn sich Vater und Mutter nicht mehr mögen sollten. Und die Gerichte haben hierfür zu sorgen, dieses durchzusetzen und zwar sofort und unbeugsam. Aus zuvor Genanntem ergibt sich zudem auch direkt für die Eltern die <u>Pflicht zum Umgang</u> mit ihrem Kinde. Umgang ist <u>keine freiwillige Übung</u> zum Wohle des Kindes, sondern eine elterliche Pflicht! Das gilt natürlich insbesondere auch für die Väter, die sich nicht um ihre Kinder kümmern wollen. Sie haben die Pflicht, sich mit ihren Kinder zu beschäftigen.

Überhaupt sollte man die Kinder mehr in den Mittelpunkt der Gesellschaft stellen. Sie bedürfen unserer Liebe und Fürsorge und vor allem unserer Aufmerksamkeit. Wir haben sie in die Welt gesetzt und als Kinder sind sie von uns, von ihren Eltern, aber ebenso von allen anderen Mitmenschen auch, abhängig. Dass, was wir ihnen an Liebe und Aufmerksamkeit geben, das wirkt sich in ihrem ganzen Leben aus. Und sie werden später so sein, wie wir uns um sie bemüht und sie erzogen haben. Wiederum werden sie, wenn sie später einmal selber Kinder haben, (unbewusst) ihre eigene Kindheitserfahrung in ihre Kindeserziehung einfließen lassen. Wenn wir also wollen, dass die Welt in Zukunft eine bessere wird, und das wollen wir sicher alle, und es den Kindern zukünftig besser ergehen kann, dann müssen wir heute schon mit unseren eigenen Kindern damit beginnen, ihnen eine bessere Kindheit zu ermöglichen. Das bedeutet auch, dass wir Eltern unsere eigenen Interessen zurückstellen müssen und uns die Zeit nehmen sollten, die unsere Kinder bedürfen. *Kinder einer unglücklichen Kindheit sind die Träger einer Unheil bringenden Zukunft. Kinder mit glücklicher Kindheit sind die Boten der Hoffnung auf eine bessere Welt.*

Darum auch folgender Richtsatz für eine globale Ethik:

Du sollst die Kinder an erster Stelle in Deinem Leben stellen und Dich dafür in gleichem Maße zurücknehmen!

Dafür zu sorgen ist auch Sache der Politik. Sie muss die Rahmenbedingungen hierfür festsetzen. Doch wie lassen sich überhaupt Politik und Ethik vereinbaren? Wie lassen sich politische Systeme in eine globale Ethik einbinden, bzw. bewerten?

Jeder Mensch will weitgehend frei sein und jeder Mensch will ebenso sozial gesichert sein. Das politische System, welches von sich aus angibt beides zu garantieren, hat in der Regel gute Chancen vom Bürger akzeptiert zu werden. Daher geben auch alle Parteien an, sie würden dieses Interesse der Bürger vertreten, und sie selbst natürlich besser noch, als es die anderen tun. So vielfältig die Parteien sind, so verschieden sind auch die politischen Systeme, die sie vertreten und mit denen sie versuchen (wollen) für Wohlstand und soziale Sicherheit zu sorgen. Oft jedoch nur für einen bevorzugten Teil der Gesellschaft. Entsprechend mannigfach sind auch die Meinungen, die dem einen System vor dem anderen den Vorzug geben. In einer Demokratie ist dies meist auch kein größeres Problem, sondern politischer Alltag. Während die soziale Sicherheit sich aber in harter Währung ausdrücken lässt, sieht es jedoch mit der Definition von „*was ist Freiheit?*" viel schwieriger aus. Also, was ist Freiheit? Worin und aus welchem Wesen besteht sie?

Freiheit besteht primär darin, akzeptieren oder ablehnen zu können. Indem ich *ja* oder *nein* sagen kann, indem ich *annehmen* oder *ablehnen* kann, habe ich meine Freiheit gefunden. Man nennt das auch Entscheidungsfreiheit. Wenn ich nicht mehr frei entscheiden kann, wenn andere für mich bestimmen, ob ich *ja* oder *nein* sagen soll, dann habe ich meine Entscheidungsfreiheit verloren. Das aber ist in der Regel bürgerlicher Alltag. Nicht in allem sind wir frei, wie wir unsere Entscheidungen treffen können, ob wir *ja* oder *nein* sagen dürfen. Je höher unsere Entscheidungsfreiheit jedoch ist, in Beruf, Partnerschaft, Verein, etc., umso zufriedener sind wir. Mit der politischen Freiheit kann es aber durchaus anders aussehen.

So kann man ein an sich unfreies System akzeptieren und damit zufrieden sein, wenngleich man auch selbst Einschnitte und Eingrenzungen in seinem Leben hat, weil man sich gerne politisch führen lässt. Man kann aber auch ein freies System ablehnen, wo man so gut wie an nichts gebunden ist und sich nichts und niemanden verschrieben fühlt, aber darin sich verloren und bedeutungslos vorkommen. Es kommt also beispielsweise darauf an, wie wir uns in einem System geborgen fühlen. Freie Systeme können jegliche Geborgenheit missen lassen. Wer aber gerade Geborgenheit braucht, dem widerspricht ein solches System, der wird sich an ein System richten wollen, wo es einen Führer gibt, eine klare Hierarchie und feste Regeln. Ein anderer, den feste Regeln zu sehr einschränken in seinem Drang sein Leben so leben zu wollen wie es ihm gerade gefällt, und der auch keine Leute mag, die ihm sagen wollen was er zu tun oder zu lassen hat, der wird ein unfreies System niemals akzeptieren können. Letztere sind aber in der Regel in der Mehrheit, so dass die freien Systeme (Demokratien) die bessere Wahl für ein Volk sind. In den Fällen, in denen es in der Demokratie zu Chaos und Not kommt, also die soziale Sicherheit verloren gegangen ist, werden die ansonsten Freiheitsliebenden auch ein Führersystem rufen, damit das Land aufgerichtet wird. Es erweist sich nur meist recht bald als das falsche System, nachdem ein wenig Ruhe eingekehrt und soziale Sicherheit zurückgekehrt ist, so dass man den Geist, den man gerufen hat, dann auch gerne wieder schnell los wäre. So hat es uns oft die Geschichte gelehrt. Die Politik muss sich jedenfalls daran messen lassen wie sehr sie dem Menschen dient und vor allem darauf achten, dass sie dem Grundsatz der Ethik, der *„Arterhaltung des Menschen"* nicht widerspricht.

Derzeit tut die Politik es aber im allgemeinen nicht. Im Gegenteil! Die Welt wird zunehmend einem schrankenlosen globalen Raubtierkapitalismus ausgesetzt, bei der die Schere zwischen arm und reich immer weiter auseinander klafft, bis schließlich einige

Mega-Konzerne über den größten Teil des weltweiten Kapitals verfügen werden, einschließlich eines Heers von Millionären und Milliardären und das Kapital ironischerweise letztlich damit entwerten. Denn es ist nur noch eine Währung für eine kleine Finanzelite. Der Rest der Menschheit, wird quasi schon bald zum Tauschhandel gezwungen sein, wird sich eine eigene Währung schaffen müssen, sollte immer mehr Geld in die Hände weniger Menschen fließen. Bekanntlich ist es bereits jetzt schon so, dass 20 Prozent der Weltbevölkerung 75 Prozent des Einkommens verdienen und 25 Prozent davon weniger als 2 Prozent abbekommen. Das bedeutet also eine eindeutige ungerechte Verteilung der Einkommenssituation in der Welt. Nach einer UN-Studie sollen 80 Prozent der Menschen nur über eine unzureichende Behausung verfügen und anderthalb Milliarden Menschen haben keinen Zugang zu sauberen Wasser, eine Folge der ungerechten Einkommenssituation. Wenn das so ist, dann haben die Politiker und die Kapitalisten eine Welt geschaffen, die nicht nur auf Unrecht beruht, sondern in höchstem Maße auch unethisch ist.

Die besitzlose Klasse der Menschen, der nunmehr weit überwiegende Teil der Menschheit, wird eines Tages, sollte die Vermögenssituation weiter eine Monopolisierung des Kapitals mit sich bringen, in einer weltumspannenden mörderischen Revolte umspringen, und dann nicht nur die Reichen enteignen und das System zum Einsturz bringen, auf welchen sich der totalitär gewordene Kapitalismus stützt, sondern die Welt an den Rand eines Kollaps bringen. Um das abzuwenden ist eben auch marktwirtschaftliche Ethik notwendig.

Wenngleich die Kapitalisten meinten, in den 90er Jahren hätten sie den Kommunismus besiegt und endgültig zum Erlöschen gebracht und hätten nun die Welt für sich alleine und könnten sie damit vollends ausbeuten, werden sie selbst dafür sorgen, dass dieser eine Neubelebung erfährt und der als Neo-Kommunismus den Kapitalismus wieder in seine Schranken weist.

Immer mehr ist es so, die Unternehmen entlassen ihre Mitarbeiter mit dem Hinweis, dass es zwingend und unerlässlich sei, sich von seinen Mitarbeitern zu trennen, damit man wettbewerbsfähig im Markt sei und bleibe. Das mag ja auch so stimmen, wenn man weiß, was mit „*Markt*" gemeint ist. Denn wer in ein bestimmtes Zimmer geht und ein bestimmtes Spiel spielen will mit einer ausgesuchten Anzahl an Leuten, der muss sich an die vorgegebenen

Regeln halten, damit er nicht ausscheidet. Was aber ist das für ein Markt?

Das ist nicht der Markt, den wir uns als Handelsmarktplatz in unserem Ort an der nächsten Ecke vorstellen mögen, den wir also überall antreffen könnten. Nein, heute ist das eher mit einem speziellen Spielzimmer zu vergleichen, wo einige ihr Spiel mit den Menschen treiben, aus eigener Profitsucht. Es ist ein stilisierter Markt spezialisierter Kräfte, die für eine kleine Abteilung von Aktionären und Multimillionären zuständig sind, abgelöst schon von der Gesellschaft, die sie trägt, die nichts, aber auch wirklich nichts mit der Volkswirtschaft mehr zu tun haben, aber die eine unglaubliche Angst davor hat, dass dies der Bevölkerung eines Tages mal auffallen könnte. Und deshalb unternehmen sie alles mit Hilfe der Medien und der Politiker, das ursprüngliche Bild aufrecht zu erhalten, sie seien ein Teil der Gesellschaft und sogar ihr wichtigster Teil. Ja außerdem so, als seien sie die Wirtschaft. Dies stimmt nicht. Die Wirtschaft ist das Volk! Und erst wenn die Bevölkerung das Verständnis wiederentdeckt, dass sie nicht nur Volk, sondern auch Volkswirtschaft sind, werden sie daraus die notwendigen Schlüsse ziehen können.

Der angesprochene *Raubtier*kapitalismus widerspricht also ganz und gar dem Grundsatz der Ethik, da er viele Millionen Menschen an den Rand der Existenz bringt. Derartig brutaler Kapitalismus gefährdet konkret die Arterhaltung des Menschen.

Natürlich ist das ganze politische Feld zu komplex, um es hier mit wenigen Worten beschreiben zu können, aber dieser kurze Anriss soll zeigen, dass man Politik durchaus ethisch bewerten und einstufen kann.

Dass gleiche gilt auch für die Wissenschaft, auch diese muss sich am ethischen Grundsatz der „*Arterhaltung des Menschen*" orientieren. Lassen wir uns also nicht von denen vormachen, was unser Heil wäre, sagen wir vielmehr ihnen, woran sie sich zu halten und zu orientieren haben, mit Hilfe einer „*Charta der Weltethik*".

Zudem sollte man bei allem, was wir tun und denken und wonach wir handeln, immer die goldene Regel voran stehen:

„Was Du nicht willst, das man Dir tut, das füge auch keinem anderen zu!".

Gedanken zu Prof. Hans Küng`s Projekt „*Weltethos*", dem „*Parlament der Weltreligionen*" und zu den Religionen im Besonderen

Zu den ersten ethischen Entwürfen, die uns Menschen bekannt sind, gehören die zehn Gebote (Dekalog), die *Gott* Moses vor mehr als 3.000 Jahren auf zwei steinerne Tafeln am Sinai übergeben haben soll als religiös-sittliche Grundordnung zunächst für das Volk Israels.

Der Dekalog enthält folgende Worte:

-   Neben Jahwe darf kein Gott anerkannt werden,

-   es darf kein Götterbild hergestellt werden,

-   man darf keinen anderen Gott anbeten und seinen Namen nicht missbrauchen,

-   man soll den Sabbat hochhalten,

-   man soll seinen Eltern Ansehen verschaffen (man soll Vater und Mutter ehren),

-   man soll nicht Morden,

-   man darf nicht Ehebrechen,

-   Stehlen ist nicht erlaubt,

-   als Zeuge hat man der Wahrheit zu folgen,

-   man soll weder nach dem Besitz noch nach der Frau seines Mitmenschen verlangen.

Bei diesem Versuch einen Ethos zu deklarieren, muss man erst einmal Folgendes feststellen, nämlich dass hier der *Mono*theismus angepriesen wird.

Die Vielgötterei, also die polytheistische Religion, die besonders bei den Griechen beliebt gewesen war (die Griechische Geschichte datiert sich bis ca. 2.000 Jahre vor unserer Zeitrechnung), sollte mit dieser Aufforderung ihr Ende finden. Denn die Griechen (und natürlich auch andere Völker) verehrten die Naturkräfte und dachten sie sich als persönliche Götter. Aus dem Chaos entstanden Uranos und Gäa (Himmel und Erde), von ihnen stammen 12 Titanen (Kronos, Rhea u.a.), die wiederum von den olympischen Göttern verdrängt wurden: Zeus, Hera, Poseidon, Apollon - um nur einige zu nennen. Eigentlich eine schöne Geschichte – und warum sollte es nicht auch mehrere Götter geben?

Aber der Dekalog sagt aus, dass es nur einen Führer geben kann, einen alles überragenden Führer, dem sich die Menschen unterzuordnen und nach dessen sittlichen Geboten zu leben haben. Gott der Einzige, der Allmächtige und einzig gepriesene Führer, Schöpfer und Bewahrer der Menschen! Neben ihm, dem Gott *Jahwe*, soll es keinen anderen Gott geben: keinen Uranos und natürlich auch keinen Zeus oder Poseidon.

Auch andere Völker, nebst den Griechen, glaubten an mehrere Götter und manches Volk hatte als König einen selbsternannten Gott. So war es ebenfalls bei den Ägyptern (deren Geschichte datiert sich bis etwa 2.850 Jahren vor unserer Zeitrechnung), die das israelische Volk (welche als Nomaden einst nach Ägypten kamen, um dort von ihren Fleischtöpfen essen zu können, denn Ägypten war zu jener Zeit ein reiches Land) unterdrückten. So ist der Eingottglaube auch als Instrument zu betrachten, sich von der Herrschaft der selbsternannten Gott-Könige zu befreien. Während die Israeliten sich eben aus diesem Herrschaftsreich befreien wollten, schufen sie sich aber ein anderes Reich – das *Himmelsreich Gottes*. Während die eine Unterdrückung irdischer war, war die andere dafür absoluter, denn Gott - als der Einzige - wurde über die gesamte Welt gestellt. Kamen sie aber damit nicht vom Regen in die Traufe? Fielen sie nicht von einer Herrschaft in die nächste?

Und es war ja zuerst nur der Gott von *Abraham*, *Isaak* und *Jakob*, den sogenannten Urväter der Israelis und damit der ganz persönliche Gott des israelischen Volkes, der auch nur ihnen alleine gehörte, weil sie sich von ihm auserwählt sahen und dessen Stimme nur er ihnen gab und mit niemanden anderen außer ihnen sprach. So zog Gott auch später vom Himmel auf die Erde, natürlich zu den Israelis (aus dem Alten Testament, Buch Joel: *„Und ihr sollt's* *erfahren, dass ich, der HERR, euer Gott, zu Zion auf meinem heiligen Berge wohne.*"). Und sie nannten Gott nicht mehr Jahwe sondern Zebaoth (aus dem Alten Testament, Buch Hosea: *„der HERR ist der Gott Zebaoth"*).

Deshalb hatten auch nur die Israelis in jener Zeit wahre Propheten als *Sprachrohre Gottes*. So war der Gott der Israeliten zwar zuerst ein Gott unter vielen Göttern, denn jedes Volk hatte ja zu jener Zeit seinen eigenen Gott, bis aber dann der Größenwahnsinn bei ihnen vollends ausbrach und ihr Gott nicht nur der *„Gott der Götter"* sein sollte, sondern auch nur noch *„der Einzige Gott"* überhaupt.

Man muss an dieser Stelle natürlich Fragen, bedarf ein Gott überhaupt eines Propheten, einem *Sprachrohr Gottes* um *„Gottes Wort"* zu verkünden? Kann er sich nicht selbst jedem Menschen gegenüber äußern und offenbaren? Wenn aber Gott Propheten braucht, wie göttlich ist er dann wirklich? Und heißt es nicht, Gott ist die Liebe selbst und er liebt alle Menschen? Warum meinen also dann die Israelis, dass er nur sie ausgewählt und geliebt habe? Ist es nicht eine übertriebene Gefallsucht und eine absurde Überheblichkeit zu glauben, nur sie seien die Auserwählten Gottes? Wäre das nicht eines Gottes unwürdig?

Aber ist Gott wirklich die Liebe und liebt die Menschen? Jeden Tag sterben unzählige gute Menschen durch Terror und Krieg und böse Menschen leben weiter und töten weiterhin gute Menschen. Ist das die Liebe Gottes?

Der Dekalog, der die Herrschaft Gottes manifestieren sollte, ist jedenfalls in den Grundsätzen ein Ethos für die Theisten (die Gläubigen), aber nicht für die Atheisten (die Ungläubigen) oder Heiden (die Andersgläubigen). Sie sind von Beginn an ausgeschlossen aus jener Gemeinschaft, die sich einem solchen Ethos unterwirft - und sie sind damit außerhalb dieses Kollektivs gestellt. Diese zehn Gebote spalteten damit die bestehende Gemeinschaft, letztlich spaltete der Dekalog die Welt!

Vor ungefähr 3.300 Jahren begann das jüdische Zeitalter der Israeliten, geprägt von den 5 Büchern des Alten Testaments, (auch Thora oder Pentateuch genannt) die Moses zugeschrieben wurden (1-5 Mose), auch wenn den Bibelforschern heute klar ist, dass er sie selbst nicht schrieb. Dieses Zeitalter sollte solange bestehen, bis Jesus von sich hören machte, als Aufrührer gegen den Judaismus - Jesus Christensohn, Sohn Gottes. Es folgte das *Neue Testament*.

Nicht alle Menschen wollen heute mehr glauben, dass er, Jesus, einst gelebt habe und er sogar Gottes Sohn gewesen sei. Doch Vorsicht! Diejenigen, die behaupten, Jesus von Nazareth habe nicht gelebt, machen ihn mit dieser Behauptung (wenn auch ungewollt) wirklich zu einer Art *„Gottes Sohn"*, da er zwar dann physisch nicht auf der Erde war, aber dennoch auf ihr wirkte und dort seine angeblichen *Wunder* vollbrachte. Wenn er also einst nicht leibhaftig da gewesen war, unter den Juden in vorchristlicher Zeit, aber dennoch *„Gottes Wort"* verkünden konnte unter den Menschen, und den Christusglauben zu etablieren vermochte, dann muss er ja wahrhaftig *„göttlich"* (gewesen) sein. Denn wie sonst sollte er das alles geschafft haben? Insofern tut man der Wahrhaftigkeit keinen Gefallen zu behaupten, er, Jesus von Nazareth, habe nicht gelebt. Er mag wohl schon gelebt haben als Mensch, als junger Aufmüpfiger gegen das etablierte unterdrückerische Judentum seiner Zeit (aus dem Neuen Testament, Buch Matthäus: *„Ich* [Jesus] *bin gekommen, die Sünder zu rufen und nicht die Gerechten."*). Und da eben in jener Zeit viele Menschen gekreuzigt wurden (als Strafmaß), das war dort in dieser Zeit so gebräuchlich, kann man davon ausgehen, dass dieser Mensch Jesu auch diese Strafe auf sich nehmen musste (aus dem Neuen Testament, Buch Johannes: *„Wir haben ein Gesetz, und nach dem Gesetz muss er sterben, denn er hat sich selbst zu Gottes Sohn gemacht."*). Ob er an der Kreuzigung gestorben ist oder nur für längere Zeit ohne Bewusstsein war, sei dahingestellt. Wir wissen es nicht (aus dem Neuen Testament, Buch Matthäus: *„Jesus schrie abermals laut und verschied... Am Abend aber kam ein reicher Mann von Arimathia, der hieß Joseph, welcher auch ein Jünger Jesu war. Der ging zu Pilatus und bat ihn um den Leib Jesu. Da befahl Pilatus, man sollte ihm ihn geben. Und Joseph nahm den Leib und wickelte ihn in eine reine Leinwand und legte ihn in sein eigenes neues Grab, welches er in einen Fels hatte hauen lassen."*). Wir wissen nicht, ob Jesus lebendig befreit wurde aus Pilatus Händen und auch nicht, ob der *„selbe"* Jesus danach weiter agiert hatte oder ob er schon vorzeitig einen Nachfolger bemühen konnte, vielleicht einen, der ihm sogar sehr ähnlich sah (einen Zwillingsbruder möglicherweise?). Ein weites Feld für Spekulationen. Wir wissen aber, dass Jesus von allen Menschen geliebt werden wollte (aus dem Neuen Testament, Buch Matthäus: *„Wer Vater oder Mutter mehr liebt als mich, der ist mein nicht wert; und wer Sohn oder Tochter mehr liebt als mich, der ist mein nicht wert."*).

Von den Juden wird Jesus jedenfalls als Sündiger gegen ihre Religion, nicht jedoch als religiöser Prophet betrachtet. Sie, die Juden, verleugnen ihn als *Gottes Sohn*. Als Christentum versteht man seither deshalb diejenige religiöse Gemeinde, die Jesus als *Gottes Sohn* ansieht und die offenbart (von daher auch *Offenbarungsreligion* genannt), dass Jesus der neue *Messias* (Befreier) gewesen sei. Lediglich für die <u>unterdrückten</u> Juden war er der Heiland vom Judentum. Und die monotheistische Religion wurde wieder mit ihm aufgeweicht. Denn das Christentum stellt eben mit **Jesus** als **Gottes Sohn** ihm doch einen gottähnlichen Führer zur Seite, denn Gottes Sohn muss ja ebenfalls göttlich sein als *sein Fleisch und sein Blut*.

Der Islam, der später als Religion folgte und heute die jüngste Weltreligion ist, lehnte dies aber immer entschieden ab (aus dem Koran: *„O ihr, die ihr die Schrift gehört habt und ihr glaubt, geht nicht über eure Religion hinaus, wie jene Juden, die Jesus nicht als Propheten anerkennen wollen, und jene Christen, die ihn der Gottheit gleich setzen."*, *„Stellt ihm nicht Götzen zur Seite."*, *„Er muss nicht einen Sohn zur Herrschaft des Weltalls neben sich haben. Und Christus ist nicht zu stolz, um nur ein Diener Gottes, seines Herrn, zu sein."*).

So ist der Islam zwar eine konsequentere monotheistische Religion als das Christentum, dennoch beruft auch der Islam sich auf die Bibel (aus dem Koran: *„Wir glauben an Gott und an das, was uns geoffenbart worden ist, was Abraham, Ismael, Isaak, Jakob und den Stammesvätern geoffenbart worden ist, was Moses und Jesus überliefert worden ist, und was Propheten von ihrem Herrn überliefert worden ist; wir unterscheiden unter niemand von ihnen, und nur ihm sind wir ergebene Bekenner."*). So sind auch Texte im Koran sehr ähnlich die der Bibel (aus dem Koran: *„Und doch ließ Kain nicht ab, zu tun, was er gesagt, zu töten seinen Bruder* [Abel].*"*; aus dem Alten Testament, 1. Buch Mose: *„Da sprach Kain zu seinem Bruder Abel: Lass uns aufs Feld gehen! Und es begab sich, als sie auf dem Felde waren, erhob sich Kain wider seinen Bruder Abel und schlug ihn tot."*; aus dem Koran [David gegen Goliath]: *„Da schlugen sie sie in die Flucht, wie es Gottes Ratschluss war, und David tötete den Goliath. Und Gott gab David die Herrschaft und die Weisheit und lehrte ihn alles, was er wollte."*; aus dem Alten Testament, Buch Samuel [David gegen Goliath]: *„So überwand David den Philister* [Goliath] *mit Schleuder und Stein und traf und tötete ihn. David aber hatte kein Schwert in seiner Hand. Da lief er*

*hin und trat zu dem Philister und nahm dessen Schwert und zog es
aus der Scheide und tötete ihn vollends und hieb ihm den Kopf damit
ab.")*. Für diesen <u>Totschlag</u> gab Gott David ein <u>Königreich zur
Belohnung</u>, laut der Erzählung aus dem Alten Testament. In unserer
heutigen Zeit gibt es für einen Totschlag zur *„Belohnung"* <u>Knast</u>,
jedoch kein Königreich. So ändern sich die Zeiten.

Der Koran, der sich aber auch auf die neuen testamen-
tarischen Schriften beruft, sieht Jesus als den Propheten an, der den
nächsten Propheten, Mohammed, selbst ankündigte. Die Bibel war
also auch Mohammeds Jüngern bekannt.

Die Bibel (übersetzt *„die Bücher")* ist eine Sammlung von
Schriften, die von der christlichen Kirche als *Urkunden der gött-
lichen Offenbarung* angesehen wird, die das Wort Gottes - und damit
verbindlich für Glauben und Leben – verkünden. Es sind damit ihre
Heiligen Schriften. Die *Heiligen* Schriften bestehen aus dem hebrä-
ischen *Alten Testament* und dem griechischen *Neuen Testament*. Die
alttestamentlichen Schriften verteilen sich nach ihrer Entstehung auf
über 2.000 Jahren und die ersten Schriften wurden schon cirka 1.300
Jahre vor der Geburt Jesus angefertigt (*„Landnahme"* Miriamlied, 2.
Buch Mose), des Menschen also, der fortan als Prophet Gottes gelten
sollte. Die neuen Schriften des *Neuen Testaments* gehen auf das
Mittelalter zurück (vom 4. bis 15. Jahrhundert), in dem (ab der Mitte
des 6. Jahrhunderts) bereits der Koran eine weitreichende Macht-
stellung inne hatte. Die wichtigsten neutestamentlichen Handschrif-
ten sind der Codex Vaticanus (4. Jahrhundert) in Rom, der Codex
Alexcandrinus (5. Jahrhundert) in London, der Codex Ephraimi
resciptus (5. Jahrhundert) in Paris. Gefolgt von der Lutherbibel in
Wittenberg, wo Luther das Alte und Neue Testament in den Jahren
zwischen 1522 bis 1534 in die deutsche Sprache übersetzte. An ihr,
der Bibel, haben also unzählige Autoren mitgewirkt. Das macht sie
auch einzigartig – zumindest in diesem Punkt. Auffallend an diesem
Gesamt(kunst)werk der Bibel ist nur, insbesondere was das *Alte
Testament* anbelangt, dass es hier lediglich um die Geschichte der
Israeliten geht (inklusive freilich der Volksgruppen, die mit ihnen zu
tun hatten). Und das geradezu so, als würde es den Rest der Welt gar
nicht geben. Seltsam nur, dass später diese Schriften des *„israelischen"* Volkes mit dem *Neuen Testament* gleich für die ganze Welt
gelten sollten, wobei der Rest der Welt doch vorher ausgeschlossen
worden war und keinerlei Beachtung erfuhr, wohlmeinend, sie, die
Israeliten, wäre der Mittelpunkt der Welt und Gott sei nur ihr Gott.

Mit Jesus wurde deren Religion, wenn auch in leicht abgeänderter Form (als Christentum), zum Exportschlager. Die Religion wurde so zum erstenmal globalisiert.

Wie wir wissen, ist das Christentum ein Abkömmling des Judaismus, von dem es sich vor nunmehr 2.000 Jahren losgelöst hat und der Judaismus selbst begründete sich aufgrund der überlieferten Schriften des Alten Testaments (den 5. Büchern Moses), die es bis dahin gab, womit Juden, die sich selbst ja als das von Gott ausgewählte Volk ansehen (sogar als sein persönliches *heiliges Volk*, als sein *Reich der Priesterschaft*), sich also somit als des Christen Schoß betrachten dürfen. Indem aber die Juden sich selbst zur ersten Wahl gleich hinter Gott gestellt hatten, demütigten sie alle Nichtjuden zu unerwünschten, von Gott nicht auserwählten Völkern herab. Ein nicht nur herrisches Verhalten, sondern vor allem ein Selbstherrliches. Eine durchaus moralisch verwerfliche Überheblichkeit. Und nur wer „*rein*" unter den Israelis sei (andere Völker waren bei ihnen von „*Natur*" aus schon „*unrein*"), durfte sich dem israelischen Volksstamm zugehörig wähnen, und rein war man schließlich nur, wenn man als Knabe beschnitten worden war. Und da Frauen ja mangels männlichen Geschlechtsteils nicht beschnitten werden konnten, waren sie den Männern nicht gleichgestellt. Auch hier setzte Jesus an und erklärte die Frauen den Männern ebenbürtig. Jesus agierte also auch als Frauenrechtler. Immerhin.

Die Beschneidung findet übrigens in Moses erstem Buch „*Genesis*" seinen Ursprung, wo Gott durch **Abraham** sein persönliches Volk begründen will. Also zu einer Zeit, in der es schon viele andere Völker gab, aber diese damit nicht Gottes Völker waren. Nur die Nachfahren von Abraham waren seine Auserwählten. So heißt es weiter, dass dieser Gott mit Abraham einen Bund geschmiedet hat, dessen (Erkennungs-)Zeichen die Beschneidung (die operative Entfernung der Vorhaut, die sich über die Eichel des männlichen Gliedes stülpen kann) der Knaben sein soll. Die Vorhaut des Knaben galt bei den Israelis als „*unrein*", wie zuvor schon erwähnt. Und nur „*reine*" Menschen wollte der *Gott Abrahams* in seinem auserwählten Volk haben (aus der Bibel: „*Beschneidet euch für den Herrn und entfernt die Vorhaut eures Herzens, ihr Leute von Juda und ihr Einwohner Jerusalems! Sonst bricht mein Zorn wie Feuer los wegen eurer bösen Taten.*").

Jesus, der als Jude selbst beschnitten wurde, missfiel dieser Kult. Und in seinem christlichen Glauben übernahm die Taufe den

38

Stellenwert der Beschneidung, weswegen es im Christentum auch später keinen Beschneidungsritus mehr gab. Die Heidenchristen, also die Heiden, die an mehrere Götter einst glaubten und die nun zum Christentum überwechselten, waren gerne bereit von einer Beschneidung abzusehen, noch eher als die Judenchristen, also diejenigen Juden, die zum Christentum überwechselten, weil sie ja meist selbst schon beschnitten waren.

Es gab sicherlich viele Gründe, weshalb Jesus sich als *„Erlöser"* gegen den Judaismus gestellt hatte und nun einer neuen Religion, der des Christentums, zur Geburt verhalf. Dort durften auch die *„Unreinen"*, der Pöbel (wozu auch Huren zählten, um die er sich sehr bemühte) und die *„Unbeschnittenen"*, aufgenommen werden. Das Christentum als (a)soziales Auffangbecken für Fehlgetretene?

Aber nicht nur das Christentum entstand aus dem Schoße des Judaismus, sondern prinzipiell auch der Islam, den es ohne den Judaismus ebenso wenig gegeben hätte wie das Christentum selbst. Und alle drei Weltreligionen begründen sich auf *„Moses 5 Bücher"* – dem *Alten Testament*. Folglich kann man diese drei Religionen auch als Anverwandte, als Familienmitglieder, bezeichnen, die sich entfremdet und entzweit haben und welche um die Gunst wetteifern und prahlen, der bessere Priester (Gottesdiener) zu sein – in einem bislang mörderischen Streit. Die heutige Nahostpolitik ist die Weiterführung dieser biblischen Bestimmung, nämlich einander zu bekämpfen, Land einzunehmen und zu versuchen den Gegner zu vernichten. Die Bibel wirkt also mit ihren Aufforderungen zur Gewalt bis in unsere heutige Zeit hinein fort.

In der frühgeschichtlichen Zeit des alten Orients - bis vermutlich viertausend Jahre vor unserer Zeitrechnung - wurden Ereignisse ebenso aufgezeichnet, wie wir heute Geschehnisse als Nachrichten aufzeichnen. Es war eine unruhige, von Hungersnöten, Revolten und Kriegen geprägte Zeit. Während wir heute Tageszeitungen haben (TV, Rundfunk, Internet, etc.), um von besonderen Ereignissen (und unwichtigen Dingen) berichten zu können, wurden früher zuerst Tontafeln dafür verwendet, später folgten die Papyrusrollen (etwa 2.500 Jahre vor unserer Zeitrechnung), die aus Ägypten kamen.

Die aufgezeichneten Berichte erlebten oft mehrere Auflagen und wurden an nachfolgende Generationen weitergegeben. Spätere Generationen bekamen so Kunde von Begebenheiten, die Generationen vor ihnen geschehen war. Die Aufbewahrung und die Weitergabe dieser Berichte wurden als wichtige kulturelle Aufgabe angesehen und waren wohl geradezu ehrwürdige Angelegenheiten der oberen Schicht der jeweiligen Volksstämme – der Gelehrten. Die Kunst des Schreibens war also ein Privileg einer kleinen Eliteschicht, die direkt ihrem König unterstand. Und die Schreiber waren damit hochgestellte Persönlichkeiten. Diese Gelehrten, oftmals führende Priester, waren als Chronisten offenbar der Genauigkeit verpflichtet, mutmaßlich mit einem Amtseid, denn ihre Berichte und Überlieferungen waren, nach unserem heutigen Wissensstand, relativ genau. Vermutlich betrachteten sie dies auch als einen Beitrag zur eigenen Identität, da sich ein Volk nicht nur nach dem definiert, was es tut, sondern auch nach dem was es erleidet, und damit war es ein kulturelles Erbe, welches gepflegt und genau überliefert werden musste.

Da es damals kein Telefon, TV, Internet, Fax, etc. gab, waren die Zeiten entsprechend ereignisarm, im üblichen kargen Tagesgeschehen, das vorherrschte, so dass außergewöhnliche Geschehnisse die Menschen lange Zeit beschäftigten. Man hatte auch genügend Zeit Berichte (auf Tontafeln oder Papyrusrollen) anzufertigen und zu vervielfältigen, um sie weiter vermitteln zu können. Man gab sie Handelsreisenden mit, die einerseits Kundschafter waren und andererseits auf diese Weise zugleich zu Botschaftern wurden, damit auch andere von den Begebenheiten erfahren konnten. So kamen zu den Aufzeichnungen von tatsächlichen Ereignissen - in Zeitspannen von mehreren Jahrhunderten – Erzählungen und Überlieferungen tatsächlicher, sowie wohl möglicher Ereignisse aus anderen Landesteilen hinzu, die Handelsleute auf ihren Wegen mit sich nahmen und im Land verbreiteten. Jahrhunderte später, aber noch immer Jahrhunderte vor unserer Zeitrechnung, begann man diese Aufzeichnungen umzuschreiben, als religiös-spirituelle Schriften. So weisen auch heute noch Bibelverse fast wortgetreue Übereinstimmungen mit Tontafeln auf, deren Aufzeichnungen viele Jahrhunderte früher angefertigt wurden als eben diese biblischen Frakturen. Sie sind damit zugleich Geschichtsbücher einer sonst längst vergessenen Epoche. So verwundert es nicht, sofern die Überlieferungen nicht geändert und somit verfälscht wurden, dass auch die Bibel, die sich auf solche Dokumente stützt, übereinstimmen musste mit anderen Quellen, die von den gleichen Ereignissen berichteten. Natürlich bestand die Gefahr, dass durch übertriebene Darstellung von Naturbeobachtungen oder Geschehnissen, dem Ausschmücken von Ereignissen zum Gefallen des herrschenden Königs und durch Wundererzählungen, aber auch durch Weglassen wichtiger Daten, es zu Mythen kam, die nicht mehr rational erklärt werden konnten. Aber gerade diese Darstellungen waren für die Schreiber dieser religiös-spirituellen Schriften interessant und gewollt, da man unerklärliche Dinge, nur Gott zuschreiben konnte. Die religiös-spirituellen Schriften wurden ebenfalls an nachfolgende Generationen weitergegeben – eben als *Heilige* Schriften.

Im Laufe der Jahrhunderte kamen neue hinzu – bis weit in unsere Zeitrechnung hinein. Später wurden diese einzelnen Schriften als ein Gesamtwerk zur Bibel als Grundlage für die durch Jesus geschaffene neue Religionskultur zusammengefasst – dem Christentum.

Warum aber hörte man damals auf die Bibel weiter zu schreiben? Waren es die Kriege, die sie auslöste, beispielsweise durch die Kreuzritter, die in der Bibel eine Begründung für ihre Raubzüge fanden, weswegen sie in ihrer Zeit meist ungestraft und ungesühnt brandschatzen und morden durften? Warum schreiben heute, in unserer Generation, keine Menschen mehr die Bibel fort?

Die Islamiten behaupten, ihr Koran wäre das neue Wort Gottes. Gott hätte es als notwendig angesehen mit Hilfe von Mohammed erneut zu den Erdenbewohner zu sprechen, da die Menschen sich nicht ändern, bzw. bessern wollten, trotz einst *Jesus Christus*. Aber bedurfte die Welt wirklich eines neuen Propheten, bedurfte sie wirklich *Mohammed*? Hatte Gott keine anderen Möglichkeiten eine bessere Gesellschaft zu errichten? Und hat sich die Welt seit dem Koran, seit Mohammed, denn nicht ebenso wenig geändert oder gebessert? Wären die Terroranschläge vom 11. September 2001 in New York jetzt nicht ein biblisches Thema, welches man religiös-spirituell aufarbeiten könnte - für eine weitere *Heilige Schrift*? Oder sind diese Ereignisse eher ein Zeichen dafür, von den Religionen jetzt endlich abkehren zu müssen, da diese Grausamkeiten ja im Namen der Religion (hier jetzt des Islams) ausgeführt wurden.

Liegt die Abkehr von den Religionen auch daran, dass wir heute keinem Menschen mehr den *Propheten* abnehmen würden, wenn sich jemand als von Gott gesandt uns vorstellte?

Niemand mehr würde heute ein neues literarisches Werk als eine Schrift ansehen und akzeptieren, die von sich aus als *heilig* zu gelten beansprucht. So mag man sich auch fragen, wenn es die Bibel nie gegeben hätte und ein Schriftsteller würde heute die Bibel auf den Büchermarkt werfen, ob sie ebenso ein solches *heiliges Werk* für uns werden würde, wie sie es vor vielen Jahrhunderten für die Menschen wurde? Aber warum nur ist sie einigen Menschen heute immer noch so „*heilig*"? Weil sie, fest an Gott glaubend, große Ehrfurcht vor diesem Buch haben, welches ja „*Gottes Buch*" sein soll? Oder ist es der dämonisierende Ton in ihr, der sie anfällig macht, sich diesem Glauben zu beugen? Vielleicht hat man die Bibel aber auch gar nicht erst gelesen und vertraut blindlings darauf, was die Theologen alles Gutes über sie zu berichten wissen.

Der Koran, auf dem der Islam begründet ist, orientiert sich auch an den schriftlichen Überlieferungen der Bibel, lehnt aber die *Heiligen* Schriften – als Grundlage des Juden- und Christentums - weitgehend ab, da er sich lieber auf die Worte des Propheten Mohammed als „*Gottes Wort*" beruft, wo ein mitfühlender verständnisvoller Gott der Einzige sein soll, als der *weise* und *allbarmherziger Erbarmer* und wo dieser Allah *Mohammed* als seinen Propheten aussandte (aus dem Koran: „*Im Namen Gottes, des allbarmherzigen Erbarmers.*", „*Du* [Allah] *bist der Allwissende und Allweise.*" und „*Mohammed ist der Gesandte Gottes*").

Aber so barmherzig ist Gott gar nicht, wenn man nicht seinen Worten folgt und ihm nicht treu dienen will (aus dem Koran: „*Und fürchtet Gott, denn Gott ist furchtbar in der Rache.*", „*Wer aber unter euch auch dann nicht glaubt, den will ich strafen, wie ich noch kein Geschöpf auf dieser Erde strafte. Fürchtet nicht die Menschen, sondern Gott allein.*"). Aber kann ein rachelüsterner Gott denn wirklich weise sein? Schließen sich nicht Rache und Weisheit, ebenso wie Rache und *Göttlichkeit* gegenseitig aus?

Gott verbannte Adam und Eva aus dem Paradies, weil sie von der „*Verbotenen Frucht*" gegessen hatten. So erklärte Gott sie zu Sündern, da sie sich ungehorsam zeigten und er verbannte sie aus dem Paradies. Von nun an sollten alle Menschen Sünder sein (die sogenannte *Erbsünde*, da diese Sünde an Nachkommen vererbt wird). Nur Gott ist noch im Paradies und von Sünde frei. So lehrt es die Bibel. Die höchste Sünde, die ein Mensch begehen kann, ist zu töten. Aber laut Bibel und Koran tötet Gott (der HERR) auch (aus dem Alten Testament, 1. Buch Mose: *"Da ließ der HERR Schwefel und Feuer regnen vom Himmel herab auf Sodom und Gomorra und* <u>*vernichtete*</u> *die Städte und die ganze Gegend und* <u>*alle Einwohner*</u> *der Städte und was auf dem Land gewachsen war.*", 2. Buch Mose: „*Der HERR sprach zu Mose: Recke deine Hand aus über das Meer, dass das Wasser wiederkomme und herfalle über die Ägypter, über ihre Wagen und Männer. Da reckte Mose seine Hand aus über das Meer, und das Meer kam gegen Morgen wieder in sein Bett, und die Ägypter flohen ihm entgegen. So stürzte der HERR sie mitten ins Meer. ... Und sie sahen die Ägypter tot am Ufer des Meeres liegen.*"; aus dem Koran: „*Er* [Gott] *belebt und* <u>*er tötet*</u>*, und zu ihm werdet ihr zurückgebracht.*"). Und es ist ihm darin keine Sünde. Was aber ist das für eine Moral? Was ist das für eine Ethik die Töten sündenfrei macht? Ja, was ist das überhaupt für eine Ideologie, die hier hinter steckt?

Christentum und Islam und auch andere Religionen fordern in ihren Religionsschriften, dass man sich zu unterwerfen hat und seinem Herrn, dem allmächtigen Gott, treulich dienen soll (aus dem Koran: „*O Menschen,* <u>*dienet eurem Herrn*</u>*, der euch und die vor euch waren, erschaffen hat, dienet Ihm und* <u>*preist ihn hoch*</u>.").

Und damit ist ein jeder Mensch zugleich auch Untertan, Diener und Sklave seines Herrn, ein niedriger Knecht eben (aus dem *Alten Testament*, 3. Buch Mose: „*Denn mir gehören die Kinder Israel als Knechte; meine Knechte sind sie, die ich aus Ägyptenland geführt habe. Ich bin der HERR, euer Gott.*").

Man nennt das auch die Diktatur der Religion! Und so mancher Kirchenfürst betrachtet(e) gerne diese Forderung als heilig, da auch er teilhaben mag an der Macht, die hierdurch ausgestrahlt wird und er gottgleich die Gläubigen als Untertanen und fromme Diener zu betrachten und (als Knechte) zu behandeln wünscht. Insbesondere Staatsoberhäupter islamischer Staaten (dort wo Staat und Kirche nicht getrennt sind) instrumentalisieren den Koran dazu, dass die Menschen nicht nur Allah ganz ergeben zu dienen haben, sondern auch ihrem Staate und seinen Staatsoberhäuptern, da sie ja auch von Gott gesandt sind, so behaupten sie und denken dabei an die Bibel (aus dem Neuen Testament, Buch Römer: „*Jedermann sei untertan der Obrigkeit, die Gewalt über ihn hat. Denn es ist keine Obrigkeit ohne von Gott; wo aber Obrigkeit ist, die ist von Gott verordnet. Wer sich nun der Obrigkeit widersetzt, der widerstrebt Gottes Ordnung; die aber widerstreben, werden über sich ein Urteil empfangen.*").

43

Die Religion des Islam, dies sei hier noch angemerkt, kennt ursprünglich weder eine Priesterschaft noch eine kirchliche Hierarchie, und stützt sich nur auf den Koran, aus dem ein Vorbeter der Gemeinde vorliest. Da der Islam aber in einigen Staaten Staatsreligion ist, also dort wo der Islam Recht und Gesetz ist (Scharia), erfüllen die Staatsoberhäupter, die meist geistliche Würdenträger sind (*Ajatollahs* im schiitischen Islam genannt), diese Funktion.

Doch war es mit der christlichen Religion anders? Sehen wir uns mal dazu Moses näher an. Wer war er? Er, der Mann, der einst als Findelkind - vermutlich hebräischer Eltern - am ägyptischen Königshofe aufgezogen wurde (ca. 1.300 Jahre vor der Geburt Jesus), sich aber den nomadischen Israeliten mehr zugehörig fühlte?

Er, der angab, dass *Gott* mit ihm sprechen würde und den Auftrag von ihm bekam, die Israeliten zu befreien und in ihr gelobtes Land zu führen. Von *Gott* will er dann oben auf dem Berg Sinai Anweisungen bekommen haben - auf seiner Flucht vor den Ägyptern – und zwei steinerne Tafeln, die die bekannten zehn Gebote enthielten. Und der nun davon erstmals sprach, nachdem er wieder zu seinen Aposteln vom Berg herabkam, dass es nur einen Gott gibt, den Gott *Jahwe* und es damit nur einen einzigen Führer für die Israeliten geben kann – Gott selbst.

War er ein Befreier des israelischen Volkes, welches in Ägypten in Frondienst gelangt war (Altes Testament, 2. Buch Mose: *„Denn sie waren ausgezogen von Refidim und kamen in die Wüste gegenüber dem Berge. Und Mose stieg hinauf zu Gott.", „Und Mose stieg hinunter zum Volk und sagte es ihm. Und Gott redete alle diese Worte: Ich bin der Herr, dein Gott, der ich dich aus Ägyptenland, aus der Knechtschaft, geführt habe. Du sollst keine anderen Götter haben neben mir. ")*?

Er, Moses, der sie, die Israeliten, aus ihrem Sklaventum unter der Sklavenherrschaft der Ägypter befreien konnte, war er der große Erlöser, ein Heiland? Oder war er vielmehr ein Meuterer, in unserem heutigen Verständnis gar ein Aufrührer, dem es für ein Volk ohne Land nach einem neuen Staat trachtete – nach dem Staate Israel? Immerhin tötete er einen ägyptischen Aufseher (und war somit auch ein **Mörder**), bevor er mit den Israeliten in die Wüste Sinai zog, wo sie (gemäß dem Alten Testament) vierzig Jahre lang bleiben mussten und dort umherzogen (sie waren ja immerhin

44

Nomaden, also Wanderhirten), weil die Hethiter - und andere Volksstämme - das gelobte Land bereits besiedelt hatten, man selbst aber noch nicht die Kraft fand es zu erobern, um es mit der eigenen Volksgruppe besiedeln zu können (aus dem Alten Testament, 2. Buch Mose: *„Da schaute er* [Moses] *sich nach allen Seiten um, und als er sah, dass kein Mensch da war, erschlug er den Ägypter und verscharrte ihn im Sande.“*).

Und dieser eine Mord von Moses war ja nicht ein einmaliges Versehen, Moses hatte noch mehr getötet, bzw. töten lassen, als er beispielsweise zum Massenmord gegen seine Widersacher aufrief (aus dem Alten Testament, 2. Buch Moses: *„Und er* [Moses] *sprach zu ihnen: So spricht der HERR, der Gott Israels: Ein jeder gürte sein Schwert um die Lenden und gehe durch das Lager hin und her, von einem Tor zum anderen, und erschlage seinen Bruder, Freund und Nächsten. Die Söhne Levi taten, wie ihnen Mose gesagt hatte; und es fielen an dem Tage vom Volk* **dreitausend** *Mann.“*). So trennte sich Moses von den Aufrührern in seinem Regiment. Heute würde wir einen solchen Menschen wie Moses, der den Befehl an seine Gefolgsleute gab dreitausend Mann zu töten, vor einem Kriegsverbrechertribunal stellen oder ihn als Terrorist einsperren lassen. Und es war nicht das einzige Mal, dass er zu Greueltaten aufrief und dabei immer in Berufung darauf, es sei der Befehl Gottes (aus dem Alten Testament, 4. Buch Moses: *„Und sie zogen aus zum Kampf gegen die Midianiter, wie der HERR es Mose geboten hatte und töteten alles, was männlich war. ... Und die Kinder Israel nahmen gefangen die Frauen der Midianiter und ihre Kinder; all ihr Vieh, alle ihre Habe und alle ihre Güter raubten sie und verbrannten mit Feuer alle ihre Städte, wo sie wohnten und alle ihre Zeltdörfer. ... Und Mose wurde zornig ... Warum habt ihr alle Frauen leben lassen? ... So* <u>*tötet*</u> *nun alles, was männlich ist unter den* <u>*Kindern*</u>*,* <u>*und*</u> *alle* <u>*Frauen,*</u> *die nicht mehr Jungfrauen sind.“*).

Auch vor Kindern und Frauen machte Moses keinen Halt. Und auf eine solche historische Figur stützt sich der ganze religiöse Glauben von Juden- und Christentum, Islam und anderen Religionen. Und damit auch auf die Gewalt, die von Moses Büchern ausgeht. So ist immer wieder von **Ausrottung** die Rede. Betreffend vornehmlich diejenigen, welche sich der Satzung, bzw. dem Gesetz Moses, entgegenstellten, wenngleich natürlich immer so getan wird, als sei es Gottes Gesetz und Befehl (ein Beispiel von vielen aus dem Alten Testament, 3. Buch Moses: *„Und wenn jemand ... vom Fleisch des*

Dankopfers isst, das dem HERRN gehört, der wird ausgerottet werden aus seinem Volk."; Buch Josua: *„Zu der Zeit kam Josua und rottete aus...*). Und wie die Todesstrafen zu erfolgen haben, ist meist auch schon festgelegt (ein Beispiel von vielen aus dem Alten Testament, 3. Buch Moses: *„Wenn ein Mann oder eine Frau Geister beschwören oder Zeichen deuten kann, so sollen sie des Todes sterben; man soll sie <u>steinigen</u>.*", *„Wenn jemand eine Frau nimmt und ihre Mutter dazu, der hat eine Schandtat begangen; man soll ihn <u>mit Feuer verbrennen</u> und die beiden Frauen auch.*").

Natürlich verträgt Moses selbst und sein Gott keinen Widerspruch. Wie in vielen totalitären Systemen steht auch hier auf Kritik (und dergleichen) hohe Strafen, bis hin zur Todesstrafe. Deshalb dürfen sich auch heute Staaten, die die Todesstrafe durchführen, dabei beseelt auf die Bibel stützen (aus dem Alten Testament, 3. Buch Moses: *„Und der HERR redete mit Mose und sprach: Führe den Flucher hinaus vor das Lager und lass alle, die es gehört haben, ihre Hände auf sein Haupt legen und lass die ganze Gemeinde ihn <u>steinigen</u> und sage zu den Kindern Israel: Wer seinen Gott flucht, der soll seine Schuld tragen. Wer des HERRN Namen lästert, der <u>soll des Todes sterben</u>; die ganze Gemeinde soll ihn <u>steinigen</u>. Ob Fremdling oder Einheimischer, wer den Namen lästert, <u>soll sterben</u>.*").

Und es gibt noch viel mehr, die des Todes sind, wenn man die Bibel zum Gesetz machen würde. Schätzungsweise 10 Prozent der Weltgemeinschaft, vielleicht auch wesentlich mehr, müssten nach der Bibel getötet werden (aus dem Alten Testament, 3. Buch Mose: *„Wenn jemand bei einem Manne liegt wie bei einer Frau, so haben sie getan, was ein Greuel ist und <u>sollen beide des Todes sterben</u>.*"). Also auch Homosexualität wird mit dem Totschlag begegnet. Wie kann da die Welt bei solch einer Religion, bei solch einer Bibel, auch eine bessere werden?

Ganz pervers wird der Gott der Israelis dann, wenn er um jemanden zu strafen andere tötet, beispielsweise das unschuldige Kind des zu Strafenden (aus dem Alten Testament, 2. Buch Samuel: *„Da sprach David zu Nathan: ... Aber weil du die Feinde des HERRN durch diese Sache zum Lästern gebracht hast, wird der Sohn, der dir geboren ist, des Todes sterben. Und Nathan ging heim. Und der HERR schlug das Kind, das Urias Frau David geboren hatte, so dass es todkrank wurde... Am Siebenten Tage aber starb das Kind... Das Kind ist tot!* .", Buch Offenbarung: *„... und ihre*

Kinder will ich [Gott] *zu Tode schlagen.*". Gibt es etwas abscheulicheres, als ein unschuldiges Kind, ein Neugeborenes, zu töten, um den Vater zu strafen? So etwas ist nicht Gottes Recht, nein, so etwas ist ein **Verbrechen**. Das muss man mal ganz klar so sehen, und keine Religion kann dieses zu Recht werden lassen. Dabei ist das hier angegebene auch kein Einzelfall, sondern wiederholt sich in der Bibel mehrfach. Wie aber kann ein Gott, der die Liebe sein soll und alle Menschen liebt, so etwas tun? Und wie kann man sich solch einen Gott zum Vorbild nehmen, ohne sich dabei selbst zu versündigen?

Doch zurück zur Geschichte. Warum behauptete Moses, *Gott* hätte ihm zwei Steinplatten gegeben, auf welcher zehn Gebote (Befehle) niedergeschrieben (bzw. eingeritzt) stehen? Wollte er durch die Gottesgeschichte mit den steinernen Tafeln sich vielleicht nur listigerweise hierdurch zum Führer der übriggebliebenen Mitläufer machen, bzw. für diese Bande ihr Führer bleiben, welche mit ihm ja vor der ägyptischen Herrschaft geflohen waren und die sich nun teils anschickten, ihn mit einem Aufstand zu verjagen? Dadurch, dass er ihnen *Gott* nun als den einzigen geistigen Führer anbot (bislang war ihr Gott ja nur der *Gott von Abraham, Isaak und Jakob*, also damit nur ein Gott unter vielen Göttern auf Erden), mit dem nur er als sein Verkünder sprach (womit er sich zum einzig Auserwählten dieser Gottheit machte), sollten sie sich hierdurch Moses gegenüber verpflichtet fühlen und zugleich nur noch unmittelbar unter seiner Herrschaft stehen, die er ihnen als *Herrschaft Gottes* verkaufte. Moses selbst bot sich also als Sprachrohr Gottes dar, um wohl auf diese Weise unversehrt zu bleiben bei einem gewaltsamen Aufstand. Doch das Ende von Moses blieb dann in der Bibel offen (aus dem Alten Testament, 5. Buch Mose: „*So starb Mose, der Knecht des HERRN... und er* [Gott] *begrub ihn im Tal, im Lande Moab... niemand hat sein Grab erfahren bis auf den heutigen Tag.*"). Wurde er von seinen Anhängern, die sich gegen ihn auflehnten, am Berg Nebo ermordet? Ging sein Plan nicht auf, als Gottes Gesandter weiter Gebieter für die israelischen Nomaden bleiben zu können und damit unangreifbar?

Sollte er die Menschen wirklich über mehrere Jahre in der Wüste umhergeführt haben, dann wollten sie ihm vielleicht nicht mehr folgen. Vielleicht starb er auch nur an Altersschwäche oder infolge einer Krankheit. Wir wissen es nicht. Was aber blieb, war die Idee vom einzigen Gott, als den einzig möglichen Gott und der

Dekalog (die zehn Gebote) als ethisches Grundgebäude einer neuen Religion – dem Eingottglauben.

Bevor Moses aber die Israeliten aus der Herrschaft der Ägypter befreien konnte, so will es uns die Bibel lehren, schickte Gott die Plagen über das Land und verwüstete Ägyptenland. Und die Erstgeborenen (kleine **Kinder**!) ließ er sterben (aus dem Alten Testament, 2. Buch Mose: *„Denn ich [Gott] will in derselben Nacht durch Ägyptenland gehen und alle Erstgeburt schlagen in Ägyptenland unter Mensch und Vieh und will Strafgericht halten über alle Götter der Ägypter, ich, der HERR."*, *„Und zur Mitternacht schlug der Herr alle Erstgeburt in Ägyptenland vom ersten Sohn des Pharao an, der auf seinem Thron saß, bis zum ersten Sohn des Gefangenen im Gefängnis und alle Erstgeburt des Viehs. Da stand der Pharao auf in derselben Nacht und alle seine Großen und alle Ägypter, und es ward ein großes Geschrei in Ägypten; denn es war kein Haus, in dem nicht ein Toter war."*, 3. Buch Mose: *„Und ich will wilde Tiere unter euch senden, die sollen eure Kinder fressen... und eure Straßen sollen verlassen sein."*).

Gott also nicht nur der Erschaffer der einen, unseren Welt, sondern auch ein (**Kinder**-)Mörder, ein teuflischer Vernichter? Und diesem Gott wollen die Menschen auf Erden, als Islamiten, Christen, Juden, etc. folgen und sich seinem Willen unterwerfen?

Wahrlich, vor so einem *Gott* graust es einem, aus dessen Knechtschaft man sich nur durch Gottesleugnung befreien kann!

Und Moses, **dieser Mörder**, als Gottes Sprachrohr.

Würden wir einen Mörder, beispielsweise demjenigen, der im Jahre 1977 den *Präsidenten des Bundesverbandes der Deutschen Industrie* Hans-Martin Schleyer umbrachte (wenngleich er selbst auch eine sehr zwielichtige Figur gewesen war) und der glaubte, mit seinen Kämpfern, den RAF-Aposteln (RAF = Rote Armee Fraktion), auch ein Volk befreien zu müssen, abnehmen, wenn er von sich behauptete, er sei Gottes Sprachrohr? Würden wir ihn nicht mit großer Abscheu eher für einen fürchterlichen Verbrecher, der er auch gewesen war und für einen Ketzer halten? Eher für eine Schande des Volkes, denn für einen ihrer Führer? Und doch sollte es damals vergleichsweise bei Moses anderes gewesen sein? Wäre ein solcher Gott noch zu retten? Ist nicht gerade dieser mörderische *Gott* Grund und Anlass für soviel Unheil in dieser Welt? Ist er nicht der Despot, der die Menschen ins Unglück stürzt und versklavt?

Darüber sollte ein jeder Gläubiger mal nachdenken.

Jedenfalls ist, gemäß den biblischen Schriften und dem Koran, ein jeder Mensch nur Untertan, Diener und Sklave seines Herrn. Man gehört *Gott* - und nicht sich selbst.

Doch gehen wir jetzt in unsere heutige Zeit. Passt das mit dem Untertanentum noch in eine aufgeklärte westliche Generation – frei, demokratisch und zivilisiert? Muss nicht die Bibel nunmehr umgeschrieben werden, angepasst an unsere ethischen Grundsätze wie sie auch teils in den *Menschenrechten* formuliert sind und auch in der *Kinderrechtskonvention* oder im *Übereinkommen zur Beseitigung jeder Form von Diskriminierung der Frau?* Ebenso der Koran und andere religiöse Schriften?

Gerade was die *Diskriminierung der Frau* angeht, ist dies natürlich für die Religionen ein heikles Thema (aus dem Alten Testament, Buch Sprüche: *„Ein schönes Weib ohne Zucht ist wie eine Sau mit einem goldenen Ring durch die Nase.“*, aus dem Neuen Testament, Buch Korinther: *„Denn der Mann ist nicht vom Weibe, sondern das Weib ist vom Manne.“*). Natürlich betrifft die *Diskriminierung der Frau* auch den Koran (aus dem Koran: *„Die Männer gehen vor den Weibern, weil Gott ihnen den Vorzug gab... Die Männer sind höherstehend als die Weiber... Doch wenn ihr bei ihnen Ungehorsam fürchtet, vermahnt sie und scheidet euer Lager von dem ihren und schlagt sie... Eure Frauen sind eure Ackerfelder, geht zu euren Ackerfeldern, wie euch beliebt.“*).

Muss also nicht auch der Koran umgeschrieben werden, angepasst an unsere ethischen Grundsätzen? Der Koran ist eine Ansammlung von Schriften (Suren), wobei jede Schrift eine Anhäufung, ja geradezu ein Gemisch, von kurzen und oftmals zusammenhanglosen Sätzen (Versen) mit teils wiederholendem Inhalt ist. Dabei ist der Koran noch nicht einmal so alt wie die Bibel, denn der Koran wurde erst vom Propheten Mohammed und seinen Anhängern aufgestellt und verbreitet, zu Beginn des 6. Jahrhunderts.

Doch wie war das damals?

Mohammed (um 570 Jahre vor unserer Zeitrechnung geboren), ein Kaufmann aus Mekka (in einem Gebiet also, wo es neben der polytheistischen Religion auch die monotheistischen Religionen gab, also die von Judaismus und Christentum, wobei er selbst Heide, also Anhänger der Vielgötterei, gewesen war), zog sich im Jahre 610 (da war er bereits 40 Jahre alt) während des Monats Ramadan in eine Höhle zurück, um zu beten und zu meditieren. Dort ereilten ihm Visionen (behauptete er später). Eine mächtige Stimme (er gab an, dass es der *Erzengel Gabriel* gewesen sei) teilte ihm mit, dass er jetzt zum Gesandten Gottes berufen wurde. Mohammed pilgerte daraufhin nach Kaba, befreite dort Sklaven und legte sich dadurch mit der Obrigkeit an, bis diese so erzürnt waren, dass sie nach seinem Leben trachtete und er fliehen musste. Mohammed zog es auf seiner Flucht nach Medina. Der Tag der Flucht, es soll der 26. Juli 622 gewesen sein, wurde später durch Kalif Omar zum Beginn der islamischen Zeitrechnung erklärt. In Medina sammelte Mohammed Anhänger und wurde mit ihnen zum <u>Kriegsherrn</u> (zum Freiheitskämpfer für die Sklaven) und marschierte, nachdem er sich mit seinen Heerscharen einem Heer aus Mekka gestellt hatte und es gewinnend schlug, in die widerstandslose Stadt der Kaba ein, die er Jahre zuvor verlassen musste. Mohammed, der selbst weder lesen noch schreiben konnte, starb im Jahr 632 im Alter von 62 Jahren. Seine Lehre des Islams (welche sich ebenso wie das Juden- und Christentum auf das *Alte Testament* begründet und somit gleichen Ursprungs sind, und die seine Anhänger für ihn schriftlich in Suren niederlegten – eben auch mit Elementen aus dem *Alten Testament*), breitete sich danach weiter aus und überzog die halbe Erde. Dies war auch deshalb möglich, da die Eroberungszüge mit dem Koran im Gepäck auch nach Mohammeds Tod nicht endeten. Kalif Omar herrschte im Jahre 635, drei Jahre nach dem Tod des Propheten, bereits über ganz Syrien, Ägypten und Persien. Im 15. Jahrhundert, auf dem Höhepunkt der islamischen Macht, erstreckte sich das Land des Propheten bereits über große Gebiete in Europa und Asien, von Gibraltar bis nach Indien

So stand auf der einen Seite in dieser Zeit (und daran hat sich bis heute ja nicht viel geändert), die Religion des Islam als Weltmacht und auf der anderen Seite stand das Christentum ebenfalls als Weltmacht. Die Welt war somit spirituell gespalten. Natürlich gab es in anderen Bereichen noch andere Religionen, die ebenfalls mächtig waren. Und so zerklüftete sich die Erdbevölkerung in die verschiedensten Religionen und Weltansichten. Und jede Religionsgemeinschaft stellte sich eigene Ideale, ihren eigenen idealen Ethos auf. Aber es sind keine verbindenden moralisch-ethisch-religiösen Grundsätze, dafür sind die Religionen zu verschieden, es sind eher trennende Grundsätze, die die Unterschiedlichkeit markieren sollen. Denn **Religionen sind** Weltanschauungen, **spiritualistisch motivierte Ideologien.**

Einen religiösen Ethos aufzustellen bedeutet daher immer Spaltung, da die religiös-ethischen Gebote Religionen untergeordnet sind. So verschieden die Religionen sind, so verschieden müssen zwangsläufig auch die Entwürfe dieser sittlichen Gebote sein, die jede Religion für sich aufgestellt haben will. Dieser Weg kann also nicht zu einer globalen Ethik führen, auch nicht zu einem *Weltethos*.

Der katholische Schweizer Religionsprofessor *Hans Küng* versucht(e) dennoch mit seinem *„Projekt Weltethos"* diesen Weg zu gehen, in der Hoffnung, die verschiedenen Religionen könnten sich gemeinsam mit einem Grundsatzpapier eines Tages auf ein globales Ethos einigen. Gleichwohl kam es 1993 beim *„Parlament der Weltreligionen"* in Chicago zur Verabschiedung einer *„Weltethos-Erklärung"*. Immerhin ein Anfang, aber noch nicht der Durchbruch. Und den sollte man auch nicht erwarten. Bereits 100 Jahre zuvor, 1893, fand in Chicago anlässlich einer Weltausstellung die Gründung des *„Parlaments der Weltreligionen"* statt. Wenn die aber nur alle 100 Jahre einmal tagen (glücklicherweise?), dann können wir erahnen wie zeitgemäß und fortschrittlich sie sind.

Sollte es aber eines Tages doch so sein, dass alle Kirchen- und Religionsführer zusammenkämen und diese ein solches Dekret – also ein globales Ethosgesetz – erarbeiten würden, wäre das die Verordnung eines religiös-sittlichen Ethos von oben nach unten herab. Ob das religiöse Fußvolk diesen Weg mitgehen wird, mag man bezweifeln.

Nach derzeitiger Schätzung gibt es heute 1,2 Milliarden Muslime, danach folgen die Katholiken mit 1,04 Milliarden Anhänger, dann die Hindus mit 811 Millionen, die Buddhisten mit 360 Millionen, die Protestanten mit 346 Millionen, die Orthodoxen mit 216 Millionen, die Shintoisten mit 107 Millionen, die Juden mit 14 Millionen und der Rest der Weltgemeinschaft sind sonstige Andersgläubige (beispielsweise die *„Zeugen Jehovas"*) und Ungläubige (Atheisten); letztere machen in etwa noch einen Anteil von einem Drittel der Menschheit aus. Eine mehr oder weniger fromme Vielfalt also. Nur wer will die alle unter einen Hut bringen und das auch noch möglichst friedlich und ohne Gewalt?

Dabei wird doch unverhohlen in den Weltreligionen zur Gewalt aufgerufen, beispielsweise im Koran, wo Andersgläubige, die sich dem Glauben an Allah widersetzen, mit Tötung bedroht sind (aus dem Koran: *„Die Bösen, sie glauben nicht, auf sie wartet die große Strafe."*, *„Auch töten dürft ihr sie, wo ihr sie trefft, ...*

*erschlagt sie auch da, denn das ist das Los für alle, die da leugnen.",
„Tötet die Heiden, wo ihr sie findet, greift sie, umzingelt sie, lauert
ihnen auf.").* Und für diejenigen, die Gewissensbisse haben, solches
zu tun, folgt sogleich das Seelenheil (aus dem Koran: *„Wahrlich,
Gott ist allverzeihend und allbarmherzig.").*

Wer erst einmal seine Glaubensbezeugung zum Islam
(Schahada) abgeben hat (das geht ganz einfach, indem man vor
einem anderen Muslim sagt: *"Es gibt keinen Gott außer Allah und
Mohammed ist sein Prophet. Ich bezeuge!"*), der akzeptiert damit
zugleich den Glauben an den Koran als das Wort Gottes. Danach
gibt es kein zurück mehr aus dem Islam, denn es wäre dem Koran
nach Glaubensverrat und darauf steht der Tod. Also aus dem Islam
tritt man nicht mehr so ohne weiteres aus, zumindest dort nicht wo
die Scharia (die islamische Rechtsordnung) Gesetz ist. Denn der
Austritt aus dem Islam gilt als Hochverrat und ist ein verfassungs-
feindlicher Akt, wo der Koran nicht nur Glaube, sondern auch
Gesetz ist. Auf Hochverrat steht, wie auch in manchen nicht-
islamischen Ländern, die Todesstrafe. Wer es dennoch tut, dessen
Leben ist in Gefahr. Ist das ethisch vertretbar? Wohl nicht! Und ist
es ethisch vertretbar, dass Ungläubige grundsätzlich Menschen
zweiter Klasse sind? Wohl kaum! Dennoch ist es so in der Scharia
vorgesehen. Die Scharia, das religiöse islamische Recht, umfasst das
rituelle Recht wie Gebet, Fasten und Wallfahrt, sowie das Familien-,
Erb-, Schuld-, Straf- und Kriegsrecht. Wie wenig ein Leben gilt,
insbesondere das der Kinder, mag man sich vor Augen halten, wenn
Taten für den Islam über das Leben der Kinder gestellt werden, denn
dem Islam zu dienen ist das einzig gute Werk, dass ein gläubiger
Moslem tun kann (aus dem Koran: *„Reichtum und <u>Kinder</u> sind zwar
eine <u>Zierde des Lebens</u>, doch weit besser noch sind gute Werke, die
ewig dauern.").*

Solange der Koran Gültigkeit für die islamische Welt hat
und die Islamiten, insbesondere deren Fundamentalisten, sich auf
den Koran berufen, also auch auf die zahlreichen Gewaltaufforderungen in diesem Werk und dies auch Grundlage der Scharia
ist, wird es immer wieder zu Ausbrüchen von Dschihads (*„Heiligen
Kriegen"*) und sonstigen Gewaltakten kommen. Zudem kann und
wird der Koran, aufgrund seiner Gewaltaufforderungen für Propa-
gandamittel und Mobilisierungsstrategien instrumentalisiert (aus
Küng`s Buch *Islam: „Der Koran redet nicht in Gleichnissen... er gibt
konkrete Vorschriften. Der Islam... greift bis ins Detail gestaltend in*

das Diesseits ein... er ist totalitär."). Und da der Islam derzeit die größte Weltreligion ist (wenn man die unterschiedlichen christlichen Religionen getrennt betrachtet), wird er in einem *Parlament der Weltreligionen* auch den größten Machtanteil für sich in Anspruch nehmen wollen. Und dieser wird genutzt werden, um den Islam weiter zu imperialisieren, bis alle Ungläubigen, in ihrem Sinne und nach den Worten des Korans, ausgelöscht worden sind.

Ein *Parlament der Weltreligionen* als neue Bühne für den *Heiligen Krieg* könnte also eine Bedrohung für die nichtislamische Welt werden. Und hieraus kann es nur eine Schlussfolgerung geben, dass das bereits ins Leben gerufene Projekt „*Weltethos*" umgehend wieder beendet werden muss, und dass man das sogenannte „*Parlament der Weltreligionen*" wieder auflöst.

Ich bin zwar der gleichen Auffassung wie Hans Küng, dass der Weltfriede ohne Religionsfrieden unmöglich sei, aber es müsste vielmehr heißen: mit Religionen wird es niemals einen Weltfrieden geben, weil viel Unfriede durch Religionen gestiftet wird.

So ist, wie bereits angedeutet, auch die Bibel nicht frei von Gewaltaufforderungen (aus dem Alten Testament, 1. Buch Mose: „*Wer Menschenblut vergießt, dessen Blut wird durch Menschen vergossen werden.*"; 2. Buch Mose: „*Entsteht ein dauernder Schaden, so sollst du geben Leben um Leben, Auge um Auge, Zahn um Zahn, Hand um Hand, Fuß um Fuß, Brandmal um Brandmal, Beule um Beule, Wunde um Wunde.*"; aus dem Neuen Testament, Matthäus: „*Ich bin nicht gekommen um Frieden zu bringen, sondern das Schwert.*").

Fundamentalisten der christlichen Religion nahmen die Gewaltaufforderungen aus der Bibel zum Anlass, über Jahrhunderte hinweg mit ihren Heerscharen Kreuzzüge zu führen, um die Menschen nach ihrem Glauben gewaltsam zu bekehren oder bei Widersetzung zu töten. Dabei verwüsteten sie Städte (beispielsweise Konstantinopel im Jahre 1204) und auf ihrem *christlichen* Raubritterzug wurden Millionen von Menschen ermordet. Dem folgten noch ab dem 13. Jahrhundert die Inquisitionen einer durchaus als barbarisch zu bezeichnenden römisch-katholischen Kirche, bei denen ebenfalls über eine Millionen Menschen zum Opfer fielen. Ein Großteil der Opfer waren Frauen, die - als Hexen (Zauberer) bezeichnet - auf dem Scheiterhaufen bei lebendigem Leib verbrannt wurden (aus der Alten Testament, 2. Buch Mose [auch Buch Exodus genannt]: „*Die Zauberer sollst du nicht leben lassen.*", 3. Buch

Mose: „*Wenn ein Mann oder eine Frau Geister beschwören oder Zeichen deuten kann, so sollen sie des Todes sterben; man soll sie steinigen; ihre Blutschuld komme über sie.*").

Es ist sinnlos darüber zu rätseln, welche Weltreligion mehr Menschenopfer auf dem Gewissen hat. Aber es ist nicht sinnlos offen darüber zu reden, wie viele Menschenopfer es jedes Jahr heute noch im Namen dieser Religionen gibt, nein, es ist vielmehr eine Pflicht darüber zu reden und dieses nicht zu verdrängen, ebenso wie man den Holocaust der Nazis an den Juden nicht beiseite schieben soll und darf, wenn wir uns die Irrwege der Politik vor Augen halten wollen – einer religiös fanatischen Politik. Von vielen Religionsführern (und religiösen Politikern) wird nämlich noch immer zu Krieg und Mord gegen Andersgläubige oder Ungläubige aufgerufen und praktiziert. Welche Religion kann sich hiervon ausschließen? In welchem Namen, von welchen Religionen wird nicht zu Hass und Gewalt aufgerufen? Welche Religionsschrift verzichtet auf Hass und Gewalt?

Und diese Leute, die Religionsführer, wollen sich nun anschicken, ein *Weltethos* für die Menschheit aufzustellen? Solange noch ein Mensch im Namen einer Religion stirbt, solange der Koran, die Bibel und andere Religionsschriften Gewalt verherrlichen, sich durch Hetztiraden gegen Andersgläubige und Ungläubige auszeichnen, solange sie sich nicht von Gewalt und Gewaltverherrlichung distanzieren, solange darf man Religionen nicht als moralisch und ethisch bezeichnen. Und diese Religionsgemeinschaften (und damit zuoberst die sogenannten Religionsführer), haben folglich auch der Menschheit kein ethisches Grundgesetz, kein *Weltethos* zu diktieren.

Und man muss sich ja auch grundsätzlich fragen, inwiefern die Weltreligionen mit ihren Aufrufen zur Gewalt und zur Knechtschaft (nämlich *Gott,* ihrem Herrn, sowie seiner Priesterschaft – den Staats- und Kirchenoberhäuptern - zu dienen) ethisch überhaupt vertretbar sind. Man wird zu dem Schluss kommen, ja kommen müssen, dass dies gar nicht möglich ist, da eine Ethik insbesondere genau dieses, nämlich Gewalt und Despotismus, abschaffen will, ja überhaupt abschaffen muss, um von der Weltgemeinschaft anerkannt zu werden.

Bezweifeln muss man daher schon, wo die Religionen - bzw. deren Religionsführer - doch seit je her Hass, Feindschaft und Konkurrenzkampf predigten, dass es mit einem *Parlament der Weltreligionen* zu einem Weltfrieden kommen würde.

Andere Religionen sieht man ja auch nicht als religiöse Mitstreiter oder Gleichgesinnte an, sondern als Gegner. Insbesondere dann, wie beim Islam, wo Politik und Religion (Staat und Kirche) nicht grundsätzlich getrennt sind und die islamische Religion in vielen islamischen Staaten für politische Ziele herhalten muss. Womit der Islam zu einer besonderen Gefährdung für die Menschheit wird, da er keine Toleranz predigt und Intoleranz gegenüber anderen Religionen praktiziert. Denn der Islam will nicht nur die religiöse Vorherrschaft auf Erden, er will möglichst die anderen Religionen zerstören, weil er imperialistisch und auf Ausbreitung gerichtet ist und letztlich soll nur noch eine Religion vorhanden sein – die eigene. Man beruft sich auf den Koran, wo diejenigen, die nicht an Allah glauben, böse teuflische Menschen sind und bestraft werden müssen (aus dem Koran: *„Es war der Teufel, denn er glaubte nicht.", „Den Bösen ist es gleich, ob du ihnen die Wahrheit verkündest oder nicht, sie glauben nicht.", „Und Gott lässt sie in ihrem Irrtum wie in einer Krankheit, ..." , „Ihnen hat Gott Herz und Ohren versiegelt und die Augen verhüllt, auf sie wartet die große Strafe.", „Sie sind nur wie das Vieh, nein, sie sind noch viel schlimmer."*).

Bei der katholischen Kirche sieht es natürlich nicht anders aus (und bei anderen Religionsgemeinschaften sicher auch nicht), auch sie will sich weiter ausbreiten, ihre Anhänger mehren - denn jede Gemeinde wirbt für ihren Glauben. Und auch sie ist in ihrem innersten Wesen totalitär und will letztlich ebenfalls die eigene Religion als einzige Religion auf Erden haben. Es ist natürlich nicht verkehrt für seine Sache einzustehen und dafür zu werben, versuchen seine Mitmenschen zu überzeugen, sich anzuschließen, aber nicht diese Zwecke (andere für sich und seine Überzeugung einzunehmen) heiligen jede Mittel, welche hierzu aufgebracht werden.

Terror, Bedrohung, Krieg, Hass, Unterdrückung und Gehirnwäsche sind nicht die geeigneten Mittel, um für seinen Glauben zu werben. Sie müssten jedem normal denkenden Menschen ein Zeichen sein, dass es sich hier um falsche Religionen handelt oder zumindest um falsche Religionsführer in der betreffenden Religionsgemeinschaft. Und im Namen des Islam wird gerade in den letzten Jahren bis hin zum Weltkrieg der Kampf der Glaubensrichtungen gefordert, Terror geschürt und Krieg geführt.

So mag man zwar gerne die Religionen als ein moralisches Gesetz auffassen, unter welchen die Menschen zusammen leben können und sie sich zusätzlich zur realen Heimat noch eine geistige Heimat schaffen. Der Koran, die Bibel und andere Religionsschriften kann man aber auch als geistiges Kriegswerkzeug betrachten, unter welchem die Menschen angeleitet werden sollen, Krieg im Namen ihrer Religion zu führen, ihren menschlichen Führern treu zu dienen, gehorsam zu sein und deren Macht zu mehren (aus dem Koran: *„Und fürchtest du Verrat von einem Volk, so ziehe in den Kampf ohne zu zögern, denn Gott liebt die Verräter nicht.“*, *„Gott entscheidet so, dass die, welche umkommen, mit überzeugendem Beweis umkommen, und die, die leben bleiben, mit überzeugendem Beweis leben bleiben.“*, *„Wenn du sie besiegen kannst im Kampf, zerstreue sie, zersprenge ihre Scharen, damit sie zum abschreckenden Beispiel werden allen, die ihnen gleichen.“*; aus dem Alten Testament, 5. Buch Mose: *„Wer kann wider die Enaktiter bestehen? So sollst du nun heute wissen, dass der HERR, dein Gott, vor dir hergeht, ein verzehrendes Feuer. Er wird sie vertilgen und wird sie demütigen vor dir, und du wirst sie vertreiben und bald vernichten, wie der HERR zugesagt hat.“*; zur Eroberung Jerichos – Buch Josua: *„Denkt an das Wort, das euch Mose, der Knecht des HERRN, geboten hat: ... dass auch sie einnehmen das Land, das ihnen der HERR, euer Gott, geben wird... Da erhob das Volk ein Kriegsgeschrei, und man blies die Posaunen... Da fiel die Mauer um, und das Volk stieg zur Stadt hinaus, ein jeder stracks vor sich hin. So eroberten sie die Stadt... Aber die Stadt verbrannten sie mit Feuer und alles, was darin war.“*).

Nicht anders agieren diese Religionen, auch wenn sie sich hinter der Politik verstecken, in vielen Ländern heute noch. Man denke nur an die Bilder, wie die Israelis die Häuser der Palästinenser zerstören und deren heutiges Land teils besetzen.

Wer solche offenen Worte zu den Religionen für schonungslos und reaktionär hält, der sollte mal seinen Blick auf die vielen religiösen Krisenfelder richten, beispielsweise nach Irland, wo immer noch im Kampf von Protestanten gegen Katholiken (und umgekehrt) viele Menschen verletzt oder sogar getötet werden. Nicht anders sieht es beim Krisenherd im Nahen Osten aus, wo ebenfalls seit Jahrzehnten (oder sollte man besser sagen seit Jahrhunderten, zumindest seit dem Dekalog) die Juden und die Heiden (die Andersgläubigen) in der Arabischen Welt einen erbitterten (Bürger-) Krieg führen. Und immer wieder wird auf die kriegerischen Aspekte der Bibel oder des Korans hingewiesen, um die eigene Gewalt zu legitimieren. So wird der Krieg gegen Andersgläubige zum *Heiligen Krieg* erklärt und gerechtfertigt. Nicht derjenige ist schonungslos und reaktionär, der offen hierüber schreibt (also ohne diplomatische Verbalakrobatik, die die Wahrheit verschleiert darstellen soll), sondern diejenigen sind es, die Menschen für ihre Konfession opfern. Man muss die Dinge beim Namen nennen, um verständlich zu sein, wenn auch der eine oder andere Katholik oder Muslim (oder auch andere Religiöse) sich dadurch in seiner vermeintlichen Ehre betroffen fühlt.

Der Konkurrenzkampf der Religionen lässt sich nicht ausmerzen, auch mit einem *Parlament der Weltreligionen* nicht. Er ist schon vom System her damit verbunden.

Hierzu ein weiterer Anhaltspunkt:

Wenn in einem Land mehrere Religionen vertreten sind, dann gibt es eine Anzahl Menschen, die von der angebotenen Auswahl an Religionen sich eine Religion davon angeeignet haben, andere bevorzugen lieber andere Religionen. Wenn alle schön still vor sich hinbeten würden, wäre das ja auch kein Problem. Nur sie tun es nicht. Sie bauen Kirchen und gründen Kirchengemeinschaften. Und dann beginnt die Zählung. Jede Kirchengemeinschaft will schließlich wissen, wie viele Mitglieder sie hat. Die verschiedenen Kirchengemeinschaften haben unterschiedliche Anzahlen an Mitglieder. Und schon beginnt Neid und Missgunst. Diejenigen die weniger haben, wollen mehr Anhänger haben, also kämpfen (werben) sie darum. Beispielsweise mit „*Love-Bombing*" (Liebes-Bomben). Bei der Scientology wird man dadurch angeworben, einen kostenlosen, aber zuweilen nicht verhängnislosen, *Persönlichkeitstest* machen zu können. In der ersten Phase wird man also umworben und umsorgt, um so ein Zugehörigkeitsgefühl zu erzeugen und in der nächsten Phase will man mit einem Einweihungszeremoniell (Taufe beispielsweise) möglichst ein Abhängigkeitsverhältnis entstehen lassen. Die Formen der Anwerbung sind sehr verschieden und ebenso unterschiedlich erfolgreich. Die Kirchengemeinschaften jedenfalls, die mehr Mitglieder haben, sehen sich bevorrechtigt gegenüber anderen Kirchenkollektiven, da sie einen größeren Teil der Gemeinschaft in ihrem Rücken wissen und sie wollen möglichst viel Einfluss nehmen in religiösen und nichtreligiösen Belangen bei ihren Anhängern (und auch möglichst bei anderen). Letztlich wollen sie über alle (Mitglieder und möglichst auch Nichtmitglieder) Macht ausüben. Und natürlich wollen sie noch mehr Mitglieder haben und mit noch mehr Mitgliedern schlicht noch mehr Macht – und der Zwist hat schon längst damit begonnen. Denn jede Religion will das gleiche – Macht! Und jede Religion wird erst letztlich zufrieden sein, wenn alle Menschen, die nicht zu ihrer Religion gehören, bekehrt wurden und andere Religionen damit wegfallen können. Nur wird das nie geschehen. So bleibt der Zwist ein bleibender Zwist. Ein Zwist der vom Streit zum Terror führt und vom Terror zum Krieg.

Religiöse Unterschiedlichkeit ist aber an sich kein Grund zum Hass, doch wird er zum Hass proklamiert, um das eigene Terrain abzustecken und um die Gegenpartei diskreditieren zu können. Hass und Feindschaft wird also bewusst geschürt. Und erst indem sie ihre Grenzen absteckten und die Ausgegrenzten zu Feinden erklärten, haben sie ihre eigene Daseinsberechtigung, sowie ihr nun eingegrenztes Reich begründen können. Es basiert also auf Feindschaft. Von daher muss die Feindschaft auch aufrecht erhalten bleiben und weiter geschürt werden, damit die Daseinsberechtigung sich nicht in friedfertigem Wohlgefallen auflöst. Denn wer sein Territorium nicht absteckt, löst die Grenzen wieder auf. Verschmelzung, Auflösung, Machtverlust und Mitgliederschwund wären die Folgen. Freundschaft und Partnerschaft mit anderen Religionen sowie die Deklaration einer ebenbürtigen Gemeinsamkeit sind also wider die Natur der Religion (aus dem Alten Testament, 5. Buch Mose: „*... so wird dann des HERRN Zorn entbrennen über euch und euch bald vertilgen. Sondern so sollt ihr mit ihnen tun: Ihre Altäre sollte ihr einreißen, ihre Steinmale zerbrechen, ihre heiligen Pfähle abhauen und ihre Götzenbilder mit Feuer verbrennen.*"). Darum kann es mit Religionen auch zu keinem Weltfrieden kommen. Selbst „*Gott*" braucht ja mit *Satan* ein Feindbild, um seine gütige Göttlichkeit begründen zu können. Die Geschichte der Menschen und ihrer Glaubensgemeinschaften zeigen es uns, so ist diese Behauptung auch nicht a priori aufgestellt, ohne Erfahrung, sondern a posteriori, aus der Erkenntnis heraus. Also sehet die Welt Euch genau an!

Es geht demnach, was die Feindschaft ausmacht, noch nicht einmal primär um die Inhalte der verschiedenen Religionen – es geht um Urinstinkte der Menschen: um Macht, Neid, Eifersucht und so weiter. Es geht darum besser und stärker sein zu wollen als andere es sind, also ist es im Urwesentlichsten ein Konkurrenzkampf. Das lässt sich auch mit einem *Parlament der Weltreligionen* nicht abstellen. Das wäre nur mit einem Ende der Kirchengemeinschaften zu realisieren und einem Verzicht auf Religionen.

Es geht hier aber nicht in dieser Schrift darum Religionen zu diskreditieren oder den Verzicht auf Religionsausübung zu proklamieren, sondern es geht vielmehr darum, einerseits den **Charakter** der Religionen zu offenbaren, um den Widerspruch zwischen Religion und Ethik begründen zu können und andererseits zu fordern, die Religionen - sowie die Religionsausübung - in eine *Charta der Weltethik* einzubinden, der sich die Religionen und die Religionsausübenden (ebenso wie Politik, Wirtschaft und Wissenschaft) zu beugen haben. Das Projekt *Charta der Weltethik* steht damit im vollkommenen Gegensatz zu Küngs`s religiösen Projekt *Weltethos*, bei dem die Religionsführer gemeinsam ein religiös-sittliches Gesetz verfassen, dem sich alle Menschen unterwerfen sollen, auch die Atheisten, also unter der *Charta einer ökumenischen Religion*.

Das *Weltethos*-Projekt von Küng basiert nun mal auf Religion, es ist ihr innerstes Fundament. Und in ihrem innersten Fundament stecken die Gewaltaufforderungen der Religionen, der Aufruf zu Hass, Neid, Sklaventum etcetera. Es ist also nicht stimmig, dass von hier aus Gegenteiliges ausgehen soll wie Friede, Freundschaft und so weiter. Und ihre Vertreter, die Religionsparlamentarier im „*Parlament der Weltreligionen*", sind Vertreter der Kirche und von kirchlichen Gemeinschaften, man könnte daher ihr „*Parlament der Weltreligionen*" auch als das „*Parlament der Kirchen*" bezeichnen. Im Gegensatz hierzu basiert das Konzept der *Charta der Weltethik* nicht auf Religion, sondern bindet sie nur ein, sofern die Menschen das wollen. Und es wird damit nicht durch ein *Kirchenparlament* aufgestellt, sondern von den Menschen selbst, die sich somit ihre eigene Basis herstellen für eine bessere Zukunft, mit oder ohne Religion. Aber die Religion ist nicht mehr übergeordnet, sondern eingegliedert. Nicht mehr Basis, aber noch teilhabend, sofern gewünscht.

Sollten aber die Religionen sich nicht einer globalen Ethik, einer *Charta der Weltethik* unterwerfen wollen, so zeigen sie sich unverbesserlich. Genau das bleibt zu erwarten, da Religionen kein Maß kennen, außer ihr selbst gesetztes. Denn ihr erklärtes Ziel ist es, dass sich alles ihnen (der Kirche) und ihrem („*Gottes*") Wort unterzuordnen hat, denn sie stellen ihren persönlichen – und auch personifizierten - Gott über die Welt und ihre Religion über die Menschen. Das bedeutet, dass sie selbst sich niemals unterordnen werden und wollen (Apostelgeschichte der Bibel: die Apostel Jesus erklärten vor dem Hohen Rat in Jerusalem: *„Wir müssen Gott, dem Herrscher, mehr gehorchen als den Menschen!"*, Buch Römer: *„So halten wir nun dafür, dass der Mensch gerecht werde ohne des Gesetzes Werke, allein durch den Glauben... Denn das Gesetz richtet nur Zorn an; wo aber das Gesetz nicht ist, da ist auch keine Übertretung. Derhalben muss die Gerechtigkeit durch den Glauben kommen."*).

Und damit gehorchen sie vorerst einmal allein dem selbst ernannten Sprachrohr Gottes (als Gottes *Prophet*), ob es nun Moses, Jesus oder Mohammed war, welche Gottes Wort ja angeblich verkündeten. Letztlich gehorchen sie damit doch real wieder Menschen, es sei denn, man sieht sie als Gottes Söhne an, also als sein Fleisch und Blut (wie bei Jesus), dann mag man glauben, dass man Gott mehr gehorcht als dem Menschen. Aber das ist doch irgendwie wieder ein Irrglaube, nicht wahr?

Vermutlich werden die Kirchen gegen eine *Charta der Weltethik* Sturm laufen, als reaktionären Effekt auf eine solche Charta, welche die Religion zwar einordnet, aber diese nicht der Charta überordnen will, so das Küngs`s *Weltethos*-Projekt, doch noch mit reichlich Finanzen von Kirchen und Religionsführern versehen, weitgehend gefördert werden mag, also mehr als bisher. Warten wir`s mal ab, ob es so kommt.

Welche Stimmenverteilung würde es aber bei den einzelnen Religionen geben, die im *Parlament der Weltreligionen* vertreten sein dürfen, also in diesem Meinungskartell religiöser Standpunktsetzer? Alle gleich viel oder unterschiedlich je nach Anhängerzahl oder finanzieller Stärke? Und wer wird die religiösen Minderheiten vertreten? Hier sind doch schon im Ansatz des Parlaments Konflikte vorprogrammiert, wobei es nicht auszuschließen ist, dass der Konfliktstoff es später einmal zu wirklichen Konflikten kommen lässt, im Machtkampf der Religionen. Zu befürchten ist, dass das *Parlament der Weltreligionen* nur zu einem neuen Feld führen wird, auf dem der Machtkampf weiter geführt wird und die stärkeren Religionsgemeinschaften sich gegenüber den Schwächeren durchsetzen werden. Ein Konzept hat das jetzige *Parlament* jedenfalls noch nicht vorgelegt, wie sie solche Gefahren abwenden wollen. Bisher gibt es nur eine nett gemeinte Absichtserklärung (Deklaration), dass man auf eine bessere Weltordnung hinarbeiten will. Aber dieses Versprechen machen auch viele andere Menschen. Gerne mag man dem Initiator des Parlaments, Prof. Hans Küng, beste Absicht unterstellen, die Frage nur ist, ob er später noch das Heft des Handelns in der Hand behält, wenn religiöse Eiferer im Religionsparlament Zwietracht sähen, oder ob man es ihm abnehmen wird? Gemäß dem Motto: *„Der Mohr hat seine Schuldigkeit getan. Jetzt holen wir uns die Macht!"*. Ein Illusionist, der glaubt, es würde nicht so kommen. Spätestens dann, wenn das Projekt so weit gereift ist, dass es eine gewisse Machtfülle bekäme, die auch in die internationale Gesetzgebung eingreifen könnte, wird der Auftakt hierzu gesetzt sein.

Ein *„Weltethos"*, das von einer isolierten elitären Gruppe (und das ist ja das *„Parlament der Weltreligionen"* eigentlich) aufgestellt wird, an der sich die gesamte Menschheit gebunden fühlen soll, wird sich nicht durchsetzen lassen. So ein Ethos ist eine Doktrin (so gut wie sie auch durchaus sein mag), die von einer (mehr oder weniger) mächtigen Clique (und das ist ja das *„Parlament der Weltreligionen"* letztlich auch) den Menschen aufgezwungen werden soll. Das hatten wir in der Geschichte schon oft genug und nahm meistens kein gutes Ende. Die Menschen brauchen aber keine Welt-Ethos-Diktatur, sondern eine *Charta der Weltethik*, die sie sich selber geben. Und nur eine solche kann akzeptabel und verbindlich sein. Da mag Hans Küng weiterhin vehement dementieren, dass dies nicht so geplant sei, wie es nicht nur von mir befürchtet wird, es nützt nichts, denn auch Karl Marx und Friedrich Engels hatten es einst vergleichsweise mit ihrem Marxismus auch nur gut gemeint – im ethischen Sinne. Aber was daraus geworden ist, war etwas ganz anderes. Und da ließen sich noch mehr Beispiele anführen, von den gut gemeinten Dingen und den bösen Folgen.

Bereits der Name *„Parlament der Weltreligionen"* sagt schon viel über hinter diesem Namen stehenden Geist aus. Zu den Weltreligionen zählen die großen Religionen dieser Welt, die also international agieren. Die kleineren Religionsgemeinschaften, die nationalen, kleine Gruppierungen, meist Sekten, dürften nur am Rande eine Bedeutung hier spielen. Wird hier nicht der Versuch entstehen, die kleineren und kleinsten Religionsgemeinschaften aus dem religiösen *„Markt"* zu drängen?

Da das Ganze ja als *Parlament* gedacht und auch so bezeichnet ist, also als Regierung, und zwar als *Weltregierung der globalen Religionen*, wird die Trennung von Staat und Religions-gemeinschaft, also von Staat und Kirche, durch diese Hintertür wieder aufgehoben, denn diese Weltreligionsregierung ist ja dazu angetreten, bzw. will antreten, unter dem Deckmantel einen universelles Ethos aufstellen zu wollen, in der Politik (national wie international) mitmischen zu dürfen und darüber hinaus noch sich über diese stellen zu können, denn auch die Politik soll sich ja ihrem Weltethos-Gesetz unterwerfen. Das ist nunmehr auch der Sinn und Zweck dieser ganzen Veranstaltung, denn wenn sich die Politik(er) (und andere) sich nicht diesem Weltethos-Gesetz unterwerfen, wäre ihre Ethik-Regierung praktisch wertlos und ihr Weltethos-Gesetz sinnlos. Also wäre das *Parlament der Weltreligionen* eine Regierung ohne Land und Macht – und wohl auch ohne Volk.

Nur eine *Charta der Weltethik*, die sich die Bevölkerung selbst erarbeitet und nach demokratischen Regeln diesem zustimmt, wird für das Volk ein Ethik-Gesetz sein. Und es bedarf auch keiner zusätzlichen Regierung, keines Parlaments von irgendwas, also keiner zusätzlichen Reglementierungsbehörde. Es braucht lediglich Kommissionen, die der Bevölkerung behilflich sind sich diesem Thema nähern und es vertiefen zu können und welche diese gewaltige Aufgabe organisieren können, eine solche verbindliche Charta aufzustellen. Erst national, dann auf internationaler Ebene, im Austausch mit anderen nationalen Kommissionen.

Zum demokratischen Prozess wird auch gehören, die *Charta der Weltethik* für jeden einzelnen Staat als bindendes Papier in die Verfassung aufnehmen zu lassen. Zusammenfassend gesagt, die Menschheit braucht eine *Charta der Weltethik*, sie braucht aber keine zusätzliche internationale Regierung mit einem religiös fun-dierten Weltethosgesetz.

Ein *Parlament der Weltreligionen* würde, wenn es langsam Machtfülle bekäme, zuerst zu einer Art WTO werden. Die WTO ist eine Welthandelsorganisation, in welcher die Mitgliedsstaaten in internationalen Vereinbarungen die Spielregeln des Welthandels festlegen. Genau dies scheint wohl auch Hans Küng vorzuschweben, also eine Weltreligionsorganisation, die den einzelnen Mitglieds-staaten mit Hilfe internationaler Vereinbarungen die Spielregeln der Religionen, der Ethik, Politik, Wirtschaft, Wissenschaft und der Gemeinschaft festlegen will, wenngleich man ihm auch die Absicht hierbei unterstellen kann, dass er sein Bestes für die Menschen will. Nur, es ist sein Bestes. Ob es das Beste für die Menschheit ist, wer wagt das zu behaupten? Der Ansatzpunkt im Weltethos-Projekt ist jedenfalls da, ebenfalls die Prinzipien der Weltwirtschaft diktieren zu wollen, unter der Regie des *Parlaments der Weltreligionen*. In dieser Richtung strahlt das Projekt auch aus.

Als Religionsprofessor der katholischen Kirche hat Küng den für sich gangbaren Weg gewählt mit respektablen Erfolg für sein Projekt „*Weltethos*". Es geht aber nicht um seinen Weg, um den Weg eines Einzelkämpfers, der der Welt ein besseres Ethos aufdampfen will, sondern es geht um den Weg, den die Menschheit gehen will und gehen wird. Und die Menschen müssen nach demokratischen Grundsätzen (auch ein wertvolles ethisches Gut) selbst darüber entscheiden dürfen, wo ihr Ziel liegt, auch im Bereich der Ethik oder des religiösen Ethos. Das Weltethos-Projekt dagegen dient nur dem Zweck des Machtausbaues der Kirchen und der Religionen. Ein Versuch also, die wachsende atheistische Gesellschaft in religiöse Bahnen zurückzuleiten.

Worauf sich die Weltreligionen sicher verständigen können in ihren Grundsätzen ist, weltweit die Trennung von Staat und Kirche (und von Staat und Religion) wieder aufzuheben. Schwärmt nicht auch Hans Küng als Katholik davon, der den Islam ja klar im Vorteil sieht, weil hier Staat und Religion zusammen gehören? Obwohl er weiterhin vehement die Trennung von Staat und Kirche propagiert. Das Idealbild der Religionen ist aber nun mal die Herrschaft der Religion über die Menschen. Und in ihrer edelsten Form steht der Gottesstaat, bzw. der Kirchenstaat. Die Menschenrechte leiten sich dann von der Religion ab, wie im Islam vom Koran. Kein Religionsführer würde vermutlich hierzu *nein* sagen, wenn es sich so ergäbe. Also eine starke Religion, als Fundament der Gesellschaft und in ihrer Mitte, mit viel Macht, die Kirche.

Wer will das noch heute?

Küng, der selbst derweil die katholische Kirche und den Papst (dem „*das eigene mittelalterlich-polnisch-katholische Leitbild abhanden gekommen ist*" und der „*seine eigene Kirche leergepredigt*" hat) zu maßregeln suchte, indem er sie in einigen Grundsatzangelegenheiten scharf kritisierte (ob zu Recht oder nicht sei hier dahingestellt), musste sein katholisches Lehramt 1979 auf Betreiben des Vatikans niederlegen, wegen seiner ketzerischen Auffassungen. Er ist damit ein Rebell gegen seine katholische Obrigkeit und hat somit noch nicht einmal die eigene Kirche, dessen Glauben er öffentlich vertritt (bzw. nur teilweise vertritt, da er mit vielem an ihm ja zu hadern hat), im Rücken und dennoch meint er anstreben zu können, alle Religionen eines Tages auf ethische Grundsätze verpflichten und einigen, also zusammenführen zu können, also auch seine eigene Kirche, die ihn ja quasi verstoßen hat. Von sich und seinem Weltethos-Projekt derart überzeugt, gibt Küng nun an, dass es ohne dieses (sein!) Weltethos keine neue Weltordnung geben könne. Indes, könnte es nicht auch so sein, dass es mit (s)einem religiösen Weltethos keine neuere und bessere Weltordnung geben wird?

Statt sich für Teilfragen zu interessieren, will Küng lieber große Politik machen und interessiert sich folgerichtig mehr für die politischen Themen, statt konkrete Sachfragen anzugehen und dort Stellung zu beziehen. Er gibt sich in einigen seiner Bücher mehr als Politologe, denn als Theologe. Wenn aber Küng nicht konkret werden will, da fürchtet er in einen *Strudel von Diskussionen und Konfrontationen* zu geraten (wie er es in einem seiner Bücher äußert). Dann kann er es ja gleich bei der Deklaration seines *„Parlaments der Weltreligionen"* belassen, ja letztlich ist auch diese Erklärung noch zuviel und es genüge im eigentlich nur der Dekalog, denn er sagt ja schon alles aus, was ihn als Theologe der katholischen Kirche berührt. Also warum die ganze Aufregung, die er veranstaltet?

Es ist Küng auch gar nicht möglich Stellung zu konkreten Problemen zu beziehen, denn das Problem des Weltethos-Projektes ist es, dass alle Religionsgemeinschaften im *„Parlament der Weltreligionen"* mit der Antwort/Lösung einverstanden sein müssen. Ein schwieriges Unterfangen. Es gibt ja nur einen oberflächlichen Minimalkonsens, an dem man sich zusammenfand, bzw. noch versucht zusammenzufinden, und der schließt eine einvernehmliche Lösung in speziellen Teilfragen aus. Das Weltethos-Projekt ist damit so angelegt, dass es sich selbst behindert. Und es verhindert dringend Lösungen und Antworten auf Fragen, die schon längst hätten vorliegen müssen, beispielsweise in der Biogenetik. Dabei fand das Projekt von Küng bereits vor über zehn Jahren seinen Anfang. Küng hat aber keine konkreten Lösungsvorschläge für einzelne Sachgebiete. In den hohen Spezialisierungen einzelner Fachgebiete sieht er sich auch nicht als Fachmann. Und er ist es ja auch nicht. Das muss man auch nicht, aber dennoch kann man Antworten geben, denn es kommt auf das Ziel an, welches man verfolgt, und man kann Methoden und Folgen abschätzen und danach bewerten, ob sie dem

Ziel folgen oder nicht. Er dagegen lamentiert um den heißen Brei herum, weil er sich zu Sachproblemen nicht konkret äußern will, denn da könnte man ja Fehler machen, und es könnte seinem *guten Ruf* schaden. Konkrete Ansätze in seinen Büchern zum Weltethos wird man deshalb dort vergeblich suchen. Aber kann jemand, der sich vor Diskussionen scheut, vor Konfrontationen sowieso, der richtige Prophet sein, der den Menschen auf allen Erdteilen ein neues edleres Ethos beibringen will?

In einer Welt, in der viel im Argen ist, wo es darum geht Umstände und Zustände zu ändern, und zwar zu einem Besseren hin, muss man eine konkrete Linie ziehen und sagen, wo es lang gehen soll, selbst wenn man mit denen in Konfrontation gerät, die ein Interesse am Beibehalten der bisherigen schlimmen Zustände haben, weil sie diejenigen sind, die davon noch profitieren. Und wer Diskussionen mit ihnen scheut, der hat wohl keine Argumente vorzubringen für ein Abstellen dieser Zustände. Wer also die Welt ändern und verbessern will, muss konkret sagen, wie er sie haben will und nicht nur von einer besseren Welt schwärmen und sie träumerisch andeuten. Das bedeutet, das ethische Gebäude auch aufzubauen zu beginnen und es zu formulieren. Zum einen: in einem großen Entwurf; wie aber auch zum anderen: konkret in den einzelnen Teilbereichen, welche sich wiederum untergliedern in weiteren Teil- und Unterbereichen. Je tiefer man in diese Struktur geht, je spezieller die Sachfragen werden, umso schwieriger ist die Antwortsuche und umso heftiger sind die Diskussionen hierzu, die geführt werden (müssen). Aber man muss auch sich diesen Diskussionen stellen und versuchen eine Lösung zu finden. Zu sagen: *„Ich werde nicht konkret, dann brauche ich nicht zu diskutieren.“*, kann wohl kaum der richtige Weg sein.

Aber ein einzelner Mensch oder eine einzelne Gruppe, so elitär sie auch sein mag, ist wohl auch kaum legitimiert dazu, dies als Vertreter der gesamten Menschheit zu tun, denn diese Legitimation kann nur von den Menschen selbst kommen. Dazu müssten die Menschen aber erst einmal befragt werden in einer Volksbefragung. Dies ist aber bisher nicht geschehen und zur Zeit ist dies auch kaum möglich. Darum ist das Weltethos-Projekt von Küng auch der falsche Weg. Wenn die Kritik an Küng`s Weltethos-Projekt auch hier recht hart ausfällt, dann wohl unter dem Motto: *„Das Bessere ist des Guten Widersacher.“*.

Der bessere Weg ist die Agenda 21-Lösung, an der sich alle Menschen von sich selbst aus beteiligen können, ohne erst jemanden darum bitten zu müssen, sich beteiligen zu dürfen. Sie selbst entscheiden hierüber. Und eine Sorge wird Küng dann auch genommen, dass er zuviel diskutieren müsse, das tun die Menschen dann ohnehin selbst, in kleineren oder größeren Gruppen, sie diskutieren die ethischen Standpunkte aus, in den großen Fragen, wie auch in speziellen Fach- und Sachfragen. Es wird natürlich Reibungspunkte und Probleme geben, glatt wird dieser Prozess niemals laufen, aber die Menschen, sofern sie wollen und die Wichtigkeit dieser Aufgabe akzeptieren, werden sich durchbeißen, denn sie haben ein Ziel: die *„Charta der Weltethik"* als Grundlage für eine bessere Welt. Dennoch kann man gleichzeitig hierzu sagen, noch bevor dieses Ziel erreicht ist: *„Der Weg ist das Ziel!"*, so steinig dieser Weg auch sein mag und so fern das Ziel selbst.

Was wir brauchen ist also weniger ein *Parlament der Weltreligionen* oder einen von der Regierung einberufenen Ethikrat, als vielmehr eine Kommission, die das Ganze organisiert, wie man die Bevölkerung an einem solchen Prozess beteiligt, eingebunden in ein Agenda 21-Projekt. Darum will dieses Buch einen Weg auf-zeigen, wie man das anpacken sollte. Einen schwierigen steinigen Weg, der kaum zu bezwingen ist, da er sehr lang werden wird. Aber dennoch, wenn man ihn gegangen ist, hat man die Völker dieser Erde näher zusammengebracht. Dieser Weg heißt, Entwicklung einer globalen Ethik vom Inneren der Menschheit heraus. Die Völker dieser Erde müssen gemeinsam daran arbeiten eine solche Charta zu definieren. Und je mehr Weltbürger dabei mitmachen, umso verbind-licher wird der Text werden.

Gefahr durch Gläubigkeit

Es gibt noch eine Vielzahl anderer Religionen. Weltumspannend sollen es über 40.000 sein. So viele, wie es sind, so unterschiedlich sind sie auch - in ihren Inhalten und auch in ihrer Mitgliederstärke. Von der kleinen Sekte mit wenigen Anhängern bis zur Weltmachtreligion, die mehrere hundert Millionen Mitglieder zählt.

Die *Scientology Church International*, vom **Science-fiction-**Autor Lafayette Ron Hubbard 1950 zum Zweck der Vermarktung seiner **Scien**ce-Fiction-**Literatur** gegründet und um seine psychedelischen Groteskschriften in den Köpfen der Menschen lebendig werden zu lassen (die Anhänger sind verpflichtet ihre täglichen Handlungen hieraus abzuleiten), soll beispielsweise (nach eigenen Angaben) mittlerweile etwa 8 Millionen Mitglieder in ca. 113 Ländern haben (davon angeblich 30.000 in Deutschland in 8 Städten), weswegen man sie eigentlich schon zu den Welt*religionen* zählen könnte, sofern diese Angaben stimmen und sofern man hier überhaupt von einer Religion in diesem Sinne sprechen kann. Für Theologen ist dies sicher keine Frage, ob die *Scientology* Religion ist oder nicht. Sie ist es nicht, da nicht gerade Hinwendung zu *Gott* Sinn und Ziel ihrer Aktivität ist, sondern die Vermarktung L. Ron Hubbards Schriften und die Auslebung der darin enthaltenen neurotischen Phantasien Hubbards, die Verbreitung seiner Illusionen mittels totalitärer Ausbreitung dieser Sekte und die geplante Unterdrückung der Menschheit unter der Weltherrschaft der Scientologen als Endziel (Scientology: „*"Wir haben hier also einen Plan... und der Plan selbst ist... Regierung der Erde."*). Alles unter dem Schein einer Religion – ein Blendwerk. Denn nicht Gott ist hier das höchste Wesen, sondern die Organisation der *Scientology Church*, vornehmst ihre Manager.

Um Anhänger zu finden wird suggeriert, dass jedes Mitglied die Möglichkeit haben soll, aufzustreben, gottgleich – ein Übermensch - zu werden und damit „*unsterblich"* zu sein, was ihnen aber nur als absolut treue und für ihre Organisation aufopferungsvolle Scientologen gelänge, denn nur jemand, der sich ganz der *Scientology Church* unterwirft, ist wirklich ein echter Scientologe; dieses aber nicht zu sein, sei fatal (Scientology: „*Es ist fatal, kein Scientologe zu sein. Diejenigen, die keine Scientologen sind, haben keine Chance auf persönliche Unsterblichkeit."*).

De facto ist es als Scientologe auch unheilvoll, sich nicht zu bemühen, in der Hierarchie dieser Sekte höher aufsteigen zu wollen, möglichst bis ins Management der verschiedenen Organisationsfelder hinein (Scientology: *„Wir haben dich lieber tot als unfähig."*). Denn das Aufsteigen in dieser Sekte bedeutet, enorme Kosten für das Aufsteigungsprogramm auf sich zu nehmen. Dafür muss man sein privates Vermögen verbrauchen oder Schulden machen. Mitglieder werden psychisch unter Druck gesetzt genau dies zu tun.

Dieser Religionssekte angehörig zu sein bedeutet zudem auch nicht, nur hin und wieder ein Stoßgebet gen Himmel ablassen zu dürfen, wie es Gläubige in anderen Religionen tun, sondern man muss einen großen Teil seiner Freizeit opfern, um für Scientology zu arbeiten. Man könnte auch sagen *„anschaffen zu gehen"* (Mitglieder werben, Umsatz machen). Und das alles für die Ziele der Scientologen, welche antidemokratisch und totalitär sind, so wie die Organisation in sich selbst auch. Andere Menschen, also alle diejenigen, die nicht Scientologen sind, sind den Scientologen gegenüber als minderwertig einzustufen (so sehen auch andere Religionen ihre Konkurrenten) und müssen geändert oder bekämpft werden. Damit erheben sie einen Absolutheitsanspruch, da nur akzeptiert wird, wer:

a: Mitglied der Sekte ist und
b: wer möglichst weit oben in der Hierarchie dieser Sekte angelangt ist.

Alles andere ist also minderwertig und zur Vernichtung frei gegeben. Es gab auch eine Anweisung von Hubbard, indem er alle *Feinde* der Scientologen als <u>rechtlos und geächtet</u> erklärte (Hubbard: *„Eine Person, die in den Zustand des Feindes zurückgestuft worden ist, gilt als <u>vogelfrei</u>. Man darf ihr Eigentum abnehmen, sie in jeder Weise <u>verletzen</u>... oder <u>vernichten</u>."*).

Hubbard wurde nach einem internen Putsch 1986 für Tod erklärt. Alle Copyrights Hubbards gingen in die Hände von David Miscavige. Seitdem leitet er das milliardenschwere Unternehmen. Wie zuvor schon erwähnt, soll die *Scientology Church* rein ihrem Charakter nach auf Wirtschaftsinteressen ausgelegt sein (Anweisung der Scientology Church: *„Make money – make more money – make other people produce so as to make money!"*). Das soll befreien –

zumindest von Besitz und Eigentum. Und ein Teil davon fließt nun in die USA, in die Hände von Miscavige.

Und damit man noch mehr Reichtum David Miscavige und seiner Organisation zukommen lassen kann, wurde dazu aufgerufen, die Wirtschaft zu unterwandern (sowie Justiz, Regierung etc.) und dies zu den wichtigsten Aufgaben eines Scientologen erklärt. Denn dies verspricht Einfluss, Macht und viel Geld. Die Scientologen brauchen möglichst viel Geld und das (gesamte) Vermögen ihrer Mitglieder, um:

a: die wirtschaftliche Stärke dieser Organisation zu steigern und

b: den Ausstieg aus der Sekte zu erschweren, damit

c: das Mitglied dann keine finanzielle Basis mehr hätte, um seine Existenz nach seinem Austritt weiter sichern zu können, damit

d: das Mitglied der Sekte weiter verbunden sein wird, um der Organisation lebenslang zur Verfügung stehen zu können.

Zudem macht man als Mitglied der Sekte zuweilen mit der Scientology auch Verträge, die nicht nur eine lebenslange Laufzeit beinhalten, sondern die auch weit über den Tod hinaus gehen (Millionen Jahre!). Es gilt nämlich in der Sekte als ein Schwerverbrechen, sich von der Glaubensgemeinschaft loszusagen, ja als ein Verbrechen überhaupt, sich kritisch ihr gegenüber zu äußern (was auch für Nichtmitglieder gilt). Wer es dennoch tut, den erwartet Strafe (Scientology: *„Es ist ein Schwerverbrechen, sich öffentlich von Scientology abzukehren.", „Wir sind wahrscheinlich die einzigen Menschen auf der Erde, die das Recht haben, zu strafen.", „Der Feind... muss... vernichtet werden."*). Dazu haben sie auch eine Schutztruppe, welche Gegner der Scientology, so Scientology selbst, *„dieses Krebsgeschwür der Menschheit auslöschen kann und wird"*.

Gegner des eigenen Glaubens bekämpfen zu müssen, gilt auch für die Gläubigen des Islams, die auch weder kritisch zum Koran stehen noch aus ihrer Religion austreten dürfen (aus dem Koran: *„Da offenbarte ihnen ihr HERR: Vertilgen wollen wir die Frevler....wir machen die Hölle den Ungläubigen zum Gefängnis."*). Aber auch der *Gott* der Juden mochte so etwas nicht (aus dem Alten

Testament, 3. Buch Mose: *„Und der HERR redete mit Mose und sprach: Führe den Flucher hinaus vor das Lager und lass alle, die es gehört haben, ihre Hände auf sein Haupt legen und lass die ganze Gemeinde ihn <u>steinigen</u> und sage zu den Kindern Israel: Wer seinem Gott flucht, der soll seine Schuld tragen. Wer des HERRN Namen lästert, der <u>soll des Todes sterben</u>; die ganze Gemeinde soll ihn <u>steinigen</u>. Ob Fremdling oder Einheimischer, wer den Namen lästert, <u>soll sterben</u>."*).

Jedoch werden (rechtsstaatliche) Verbrechen, wie beispielsweise Mord, von der *Scientology Church* verziehen, bzw. nicht als sonderlich verwerflich betrachtet, wenn dieses Verbrechen für ihre Organisation geschieht, bzw. ihr nützt, was ja wohl schon fast einer Aufforderung zur Begehung von Straftaten für das eigene Gemeinschaftswohl gleichkommt (Scientology: *„Feind – Ihm kann das Vermögen weggenommen werden, oder kann durch jedes Mittel geschädigt werden, ohne Nachteil für den Scientologen. Er kann ausgetrickst, verklagt, belogen oder vernichtet werden."*). Auch hier kann man wieder Anleihen aus dem Islam beobachten. Denn Muslime berufen sich bei Begehung ihrer Straftaten ja auch immer auf derart gleichlautende Auslegungen des Korans (aus dem Koran: *„Bekämpfet sie, bis keine Verführung mehr besteht und die Religion Gottes einsetzt... so besteht Feindschaft nur gegen die Frevler."*, *„Tötet sie, wo ihr sie auch findet, verjaget sie, von wo sei euch verjagt haben, denn Verführung ist schlimmer als Töten."*, *„Und wenn ihr* [anstatt die anderen] *auch für den Pfad Gottes erschlagen werdet oder sterbet, - ganz gewiss ist die Verzeihung Gottes und die Gnade besser als das, was ihr sammelt. Wenn ihr nämlich sterbet oder erschlagen werdet, zu Gott werdet ihr versammelt."*).

Überraschen muss dabei, dass angeblich so bekannte Schauspieler und Künstler wie John Travolta, Tom Cruise, Priscilla Presley und Gottfried Hellnwein Mitglieder in der *Church of Scientology* sind. Regierungen, darunter auch die Bundesregierung Deutschlands, warnen jedoch vor dieser Sekte. Allerdings sprechen sie keine Verbote aus, obwohl sie sie als *„politisch extremistisch"* eingestuft hatten. Die Bundesregierung brachte extra eine Broschüre heraus, kostenlos erhältlich, unter dem Titel: *„Die Scientology-Organisation – Gefahren, Ziele und Praktiken"*. Da man ähnliche Verhaltensweisen auch bei den offiziell anerkannten Glaubensgemeinschaften entdecken kann, vermisst man hierzu allerdings gleichlautende Lektüren zu anderen Religionen. Aber bei anderen

Konfessionen ist man wohl eher zurückhaltend eingestellt. So beklagen sie nur, dass bei der *Scientology Church* kirchliche Attribute benutzt werden, um religiösen Charakter vorzutäuschen. *Kirche*, so monieren sie, ist hier nur mit *Wirtschaftsorganisation* gleichzusetzen.

Andere Kirchen, wie die römisch-katholische, sind aber auch Wirtschaftsorganisationen, da sie viel Geld einnehmen und ein milliardenschweres Vermögen verwalten. Indes wird dies nicht bei der römisch-katholischen Kirche (wie auch bei anderen) als negativ angesehen, doch hat gerade diese Institution ein (wirtschaftliches) Interesse daran, dass man es bei anderen Glaubensgemeinschaften tut (denn je weniger Geld andere Kirchen bekommen, umso mehr erhöht sich die Chance, selbst an das Geld zu gelangen). Da hat man dann auch genug Geld für Kathedralen, für unzählige Mitarbeiter (vom Kaplan bis zum Priester, vom Bischof bis zum Papst) und zusätzlich noch für überflüssigem Prunk und Protz, der in die Hunderte Milliarden Euro geht. Geld, das den Leuten aus den Taschen gezogen wurde (beispielsweise durch vom Staat zwangs-auferlegte Kirchensteuer, was jährlich etliche Milliarden Euro etwa der römisch-katholischen Kirche einbringt), welches aber sicher besser angelegt wäre, die Armen in unserer Gesellschaft zu ver-köstigen und ihnen Obdach zu gewähren.

Statt Bescheidenheit nicht nur zu lehren, sondern auch vorzuführen, werden stattdessen Kirchenpaläste in die Welt gesetzt, um so die Macht der Kirche und die Macht der Religion zu verdeutlichen. Während die Kirchenfürsten meinen, die Prachtbauten und die vielen sündhaft teuren Kunstgegenstände sprechen ja für ihre Kirche, bzw. für den Reichtum ihrer Religion, ist dies vielmehr ein eindeutiges Zeugnis dafür, wie wenig doch dafür spricht so etwas noch weiter unterstützen zu mögen. In den letzten Jahren sind Millionen Gläubige deshalb aus ihrer Religionsgemeinschaft ausge-treten, also nicht weil sie den Gottesglauben aufgegeben haben, sondern weil sie mit ihren finanziellen Zuwendungen zur Kirche hin aufhören wollen. Sie spenden das Geld jetzt lieber Organisationen, wie beispielsweise der UNICEF (www.unicef.de), wo das Geld sicherlich besser verwendet wird, da es meist umgehend den Bedürf-tigen zugute kommt.

Viele Gläubige können es ethisch nicht länger vertreten und ertragen, dass Millionen Kinder hungern und gleichzeitig die Kirchen Milliarden für Paläste, wie beispielsweise für die *Dresdner*

Frauenkirche, ausgeben. Selbst die eigenen Mitarbeiter wenden sich immer mehr von ihrer Kirche ab (siehe Musterbeispiel Hans Küng), so dass schon eine Not herrscht die vielen Kirchen in den Pfarrgemeinden in Deutschland auch mit *Geistlichen* zu füllen. Da ist man nun immer mehr gezwungen, priesterliche Hilfe aus dem Ausland zu holen (trotz hoher Arbeitslosigkeit in Deutschland), um die Pfarrstellen in unserem Land besetzen zu können. Auch ein Zeichen der Auslösung von innen her. Viele Gläubige werden sicher erst dann zu den Kirchen zurückfinden, wenn diese selbst Demut zeigen – dem Leben und dem Glauben gegenüber –, statt sie nur zu lehren und von anderen abzuverlangen und zugleich von ihrem Prunk und Protz Abschied nehmen, also ihr Tafelsilber einlösen, um den Bedürftigen zu helfen. Die Gläubigen, die der Kirche den Rücken zugewandt haben, werden sich also erst wieder Richtung Kirche umdrehen, wenn sie sehen, dass Glauben kein Geschäft, kein Big-Business, und damit Nächstenliebe keine hohle Phrase mehr ist.

In ähnlicher Größenordnung angelegt wie die *Scientology Church* sind die „Zeugen Jehovas" (Gottes Zeugen), weltweit vertreten mit mehreren Millionen Mitgliedern, die sich nach außen hin (nach ihren eigenen Worten) durch Friedfertig- und Ehrlichkeit auszeichnen. Nach innen hinein sieht es dann aber weniger friedfertig aus, da höher gestellte Mitglieder das Leben der einfachen Mitglieder mitbestimmen und kontrollieren können. Zudem sollen die Mitglieder bibelfest sein (koranfest oder bibelfest nennt man die Fundamentalisten der jeweiligen Religion), und sie sollen sich hierin als Elite auszeichnen (Bibelzitat im Buch der Zeugen Jehovas: *„Wisst ihr nicht, dass die Freundschaft mit der Welt Feindschaft mit Gott ist? Wer immer daher ein Freund der Welt sein will, stellt sich als Feind Gottes dar."*). Und erst dann, wenn sie sich strikt, und zwar totalitär strikt an das Programm halten, dürfen sie sich zur Elite der Zeugen Jehovas zugehörig fühlen. Also ebenso wie bei den Scientologen, wo die Mitglieder auch elitär werden können, wenn sie sich streng an das Programm der Organisation halten. Der Rest der Welt sind ihre Feinde.

Wenngleich man bei den *Zeugen Jehovas* zumindest noch positive Ansätze im ethischen Sinne finden mag, nämlich man solle bescheiden und ehrlich sein und sich an die 10 Gebote (Dekalog) halten, ist es doch nur eine Scheinfriedfertigkeit. Denn sie pflegen einen Kult der Endzeitstimmung, mit dem sie ihren Mitgliedern einreden, das Ende der Welt sei nahe (aus dem Alten Testament,

72

Buch Jesaja: „*Denn siehe, des HERRN Tag kommt grausam, zornig, grimmig, die Erde zu verwüsten und die Sünder von ihr zu vertilgen.*"). Aber keine Sorge, die <u>guten</u> Zeugen Jehovas werden das Ende der Welt überstehen und *Gott* wird ihnen das Paradies schenken, in dem sie dann alleine regieren werden, denn sie selbst sehen sich - wie die Juden - als das auserwählte Volk Gottes und dessen Priesterschaft an (aus dem Buch „*Frieden und Sicherheit*" der Zeugen Jehovas: „*...die Prophezeiungen lassen erkennen, dass unmittelbar nach der Ankündigung alle von Menschen gebildeten Regierungen aus dem Dasein gelöscht und durch eine einzige Regierung über die ganze Erde ersetzt werden – Gottes Königreich.*", „*Jehova wird nur Menschen bewahren, die den aufrichtigen Wunsch haben, unter seiner gerechten Herrschaft zu leben.*"). Hierbei berufen sie sich auf die Bibel (aus dem Neuen Testament, Buch Matthäus: „*Dein Reich komme. Dein Wille geschehe....*" und aus dem Alten Testament, Buch Daniel: „*... zur Zeit dieser Könige wird der Gott des Himmels ein Reich aufrichten, das nimmermehr zerstört wird; und sein Reich wird auf kein anderes Volk kommen. Es wird alle diese Königreiche zermalmen und zerstören; aber es selbst wird ewig bleiben.*").

Und hierauf warten die Zeugen Jehovas nun, dass endlich Milliarden Menschen getötet werden (bis auf sie selbst freilich), damit sie in ihrem Königreich endlich leben können (aus dem Alten Testament, Buch Hesekiel: „*So spricht der HERR: ... Es soll ein Drittel von dir an der Pest sterben und durch Hunger vernichtet werden in deiner Mitte, und das zweite Drittel soll durchs Schwert fallen rings um dich her, und das letzte Drittel will ich in alle Winde zerstreuen und will hinter ihnen her das Schwert ziehen.... Ja, Hunger und wilde Tiere will ich unter euch schicken, die sollen euch kinderlos machen, und es soll Pest und Blutvergießen bei dir umgehen, und ich will das Schwert über dich bringen. Ich, der HERR, habe es gesagt... Wer ferne ist, wird an der Pest sterben, und wer nahe ist, wird durchs Schwert fallen; wer aber übrigbleibt und davor bewahrt ist, wird vor Hunger sterben... Das Ende kommt, es kommt das Ende, es ist erwacht über dich; siehe, es kommt!*").

Wie in anderen Religionen auch hat man auch bei den *Zeugen Jehovas* Untertan zu sein und sich dem angebeteten Gott (sowie den Kirchenoberhäuptern und ihrer Religion) zu unterwerfen (aus dem Buch „*Frieden und Sicherheit*" der Zeugen Jehovas: „*Bei deiner Wahl geht es darum, dich Gott als einer seiner Anbeter zu* unterwerfen.", „*Die kommende Weltvernichtung zu überleben setzt daher voraus, dass man jegliche falsche Anbetung aufgibt und eifrig die wahre Anbetung pflegt.*"). Also nur, wer sich unterwirft, und zwar unter Gott und die Zeugen Jehovas, - als Bibelvollstrecker fühlen sie sich ja als Gottes eigene Priesterschaft (zuoberst natürlich deren Religionsführer) -, ja der hat die Chance auf ein Überleben der von der Bibel angekündigten „*großen Drangsal*". Hierbei berufen sich die Zeugen Jehovas auf das Alte Testament. Ebenso wie das Juden- und Christentum es tun - und der Islam.

Es ist aber nicht so, dass sie, die Zeugen Jehovas, bedauern, dass das Ende der Welt nahe sei, sondern sie begrüßen es, ja sehnen es sich sogar herbei, da nur sie dann angeblich überleben werden als treue Gottesdiener (aus dem Buch „*Frieden und Sicherheit*" der Zeugen Jehovas: „*Die Übeltäter selbst werden vertilgt werden, die aber auf Jehova hoffen, sind es, die die Erde besitzen werden.*").

Was für ein grausamer Fanatismus, der sich den Tod der fast vollständigen Menschheit herbei ersehnt und nichts mehr begehrt als das (aus dem Buch „*Frieden und Sicherheit*" der Zeugen Jehovas: „*Nie mehr werden die Menschen fragen. Was hat Gott bis heute getan? Die einzigen Überlebenden werden diejenigen sein* [natürlich sind das die Zeugen Jehovas], *denen wirklich daran gelegen war, herauszufinden, was er getan hat, und die ihr Leben mit seinen Anforderungen in Übereinstimmung brachten, bevor die Weltvernichtung einsetzte.*", „*Christus hat seinen himmlischen Thron bereits eingenommen, und das Scheidungswerk nähert sich seiner Vollendung.*", „*Die große Drangsal ist nahe herbeigekommen.*", „*Da sie* [die Ungläubigen] *die von Gott ausgeübte Herrschaft verschmähen, verdienen sie die Vernichtung.*", „*Alle Rebellen – Geistgeschöpfe und Menschen – werden dann für immer umkommen.*").

Aber dieser Fanatismus kommt nicht von den Zeugen Jehovas selbst, diesen streng Bibelgetreuen, er wird von der Bibel gepredigt und wurde nur von den Zeugen Jehovas übernommen.

Hierzu weitere Beispiele:

Der nächste Prophet, den *Gott* sich nach Moses aussuchte, war Josua (aus dem Alten Testament, Buch Josua: „*Nachdem Mose, der Knecht des HERRN, gestorben war, sprach der HERR zu Josua,... Mein Knecht Mose ist gestorben; so mach dich nun auf und zieh über den Jordan, du und dies ganze Volk, in das Land, das ich ihnen, den Kindern Israel, gegeben habe.*").

Und Josua tat wie *Gott* ihm befahl. Auch er mordete in *Gottes* Auftrag, um weiteres Land zu erobern – für einen Staat Israel (aus dem Alten Testament, Josua: *„Denkt an das Wort, das euch Mose, der Knecht des HERRN, geboten hat: ... dass auch sie einnehmen das Land, das ihnen der HERR, euer Gott, geben wird."*, *„An vierzigtausend zum Krieg gerüstete Männer gingen vor dem HERRN her zum Kampf ins Jordantal von Jericho."*, *„.... sollt ihr hervorbrechen aus dem Hinterhalt und die Stadt einnehmen; denn der HERR, euer Gott, wird sie in eure Hände geben. Wenn ihr aber die Stadt eingenommen habt, so steckt sie mit Feuer an und tut nach dem Wort des HERRN."*, *„Und sie erschlugen sie, bis niemand mehr von ihnen übrig blieb noch entrinnen konnte."*).

Er ließ dabei nicht nur Land und Städte erobern und verwüsten, sondern dabei auch Tausende Menschen töten (aus dem Alten Testament, Buch Josua: *„Und der HERR sprach zu Josua: Fürchte dich nicht vor ihnen! Denn morgen um diese Zeit will sich sie alle vor Israel dahingeben und sie erschlagen."*, *„So schlug Josua das ganze Land ... und ließ niemand übrig, ... wie der HERR, der Gott Israels, geboten hatte."*, *„... denn der HERR, der Gott Israels, stritt für Israel"*).

Josua selbst legte sogar Hand an (aus dem Alten Testament, Buch Josua: *„Und Josua schlug sie danach tot und hängte sie an fünf Bäume, und sie hingen an den Bäumen bis zum Abend."*).

Er ließ aber nicht nur töten, sondern ihm ging es auch um die Reichtümer der anderen Völker, die er nun einnehmen konnte. Natürlich im Namen des HERRN (aus dem Alten Testament, Buch Josua: *„Aber alles Silber und Gold samt dem kupfernen und eisernen Gerät soll dem HERRN geheiligt sein, dass es zum Schatz des HERRN komme."*). Und Gott war zufrieden mit ihm, so wie er es zuvor schon mit Moses war, der ebenfalls für ihn (den HERRN) tötete und dabei viele Tausende Menschen um ihr Leben brachte. Auch er sammelte ja Reichtümer für Gott ein (aus dem Alten Testament, 4. Buch Mose: *„Und der HERR redete mit Mose und sprach: ... Ihr sollt Acht haben, dass ihr zur rechten Zeit meine Opfergaben darbringt, meine Feueropferspeise mir zum lieblichen Geruch."*).

Bei all dem muss man sich natürlich ernsthaft fragen, geht es hier wirklich noch um Gott oder doch nicht eher um den Teufel selbst? Ist diese bluttriefende Bibel nicht eher Teufels Werk, denn eines gütigen Gottes seine Worte? Wer kann nach der Lektüre der

Blut- und Mordorgien in den sogenannten *Heiligen Schriften* im Namen eines angeblichen Gottes die Bibel noch ernsthaft als Fundament von einem sittlichen Miteinander betrachten, wo Kirchenfürsten, wie der Papst, ja behaupten, ohne ihre Religion würden die Menschen nicht friedlich, glücklich, harmonisch etc. leben können. Sie, die Menschen, bräuchten diese Religion als ihre geistige und moralische Heimat. Doch was ist das für eine geistige moralische Heimat?

Man mag mal beispielsweise die *„heilige Schrift Josua"* aus der Bibel mit Hitler`s *„Mein Kampf"* vergleichen und bewerten, welches von beiden Werken widerwärtiger sei. Sind nicht beide vom gleichen unseligen Geist? Will man nicht in beiden Werken die Eroberung neuer Länder und die Vernichtung anderer Völker huldigen, sein eigenes Volk ganz zu oberst setzen?

Und die Rassenhygiene die Hitler im Dritten Reich betrieb, welche sich vor allem gegen die Juden richtete, war von den Juden ja selbst einst vorgegeben worden, da auch sie Rassenhygiene betrieben hatten (aus dem Alten Testament, Buch Esra: *„Wir haben unserm Gott die Treue gebrochen, als wir uns fremde Frauen von den Völkern des Landes genommen haben. So lasst uns nun mit unserem Gott einen Bund schließen, dass wir alle fremden Frauen und die Kinder, die von ihnen geboren sind, hinaustun... und scheidet euch von den Völkern des Landes und von den fremden Frauen... und sie gaben die Hand darauf, dass sie ihre Frauen ausstoßen und einen Widder für ihre Schuld als Schuldopfer geben wollten,... alle hatten sich fremde Frauen genommen; und nun entließen sie Frauen und Kinder."*; aus dem Alten Testament, Buch Nehemia: *„Zu dieser Zeit sah ich auch Juden, die sich Frauen genommen hatten aus Asdod, Ammon und Moab. Und die Hälfte ihrer Kinder sprach asdodisch oder in der Sprache eines der andern Völker, aber jüdisch konnten sie nicht sprechen. Und ich schalt sie und fluchte ihnen und schlug einige Männer und packte sie bei den Haaren und beschwor sie bei Gott: Ihr sollt eure Töchter nicht ihren Söhnen geben noch ihre Töchter für eure Söhne,.... dass ihr ein so großes Unrecht tut und unserm Gott die Treue brecht damit, dass ihr euch ausländische Frauen nehmt.;... Als die nun dies Gesetz hörten, schieden sie alles fremde Volk aus Israel aus."*).

Was aber hat die Rassenhygiene, was hat die Mord- und Vernichtungslust eines in der Bibel beschriebenen Gottes noch mit

Glauben an Gott im tiefsten philosophischen und auch spirituellen Sinne zu tun? Ja was hat das überhaupt noch mit Gott zu tun?

Es ist nicht allzu schwer auszumachen, dass das *Alte Testament* und das *Neue Testament* eine Funktion ausüben soll(te), die aber wohl weniger darin liegt, ein Zusammenleben der verschiedensten Völker zu ermöglichen, sie zu einem ethisch-sittlich-moralischen Zusammenleben zu ermuntern, sondern eher die Menschen im Banne eines angeblichen Gottes zu knechten versucht und das Abschlachten vieler Tausender Menschen in Namen und Durchführung des israelischen Volkes legitimieren will. Denn nur die Israelis sind ja Gottes Volk. Und alle anderen Völker sind Gottes nicht würdig, sie sind unrein und daher zu vernichten. So steht es in der Bibel, in den *Heiligen Schriften*, geschrieben. Wer es nicht glaubt, lese mal selber nach.

Umkommen, töten, vernichten, das sind die Attribute der Religion – Gott der große Vernichter! Das ist der Gott der Zeugen Jehovas, der Christen, der Juden, der Muslime und der vieler anderer. Ist deren Vernichtungswille ethisch vertretbar?

Wohl kaum!

Warum sollten wir uns daher die Religion als Basis für eine Ethik aussuchen? Damit wird sich die Welt nicht zum Besseren ändern können. Nein im Gegenteil, wir müssen davon weg kommen, solche Religionen als Basis des Lebens und als Grundlage jeglicher Lebensgemeinschaft zu betrachten, um von religiösen Fanatismus mit ihren dort gepredigten Schlächtern wegzukommen.

Im Koran wird eindeutig dazu aufgerufen, Nicht-Muslime zu verfolgen, sie zu nötigen den islamischen Glauben anzunehmen und gegebenenfalls zu töten, falls sie sich widersetzen. Das ist ein Aufruf zu Mord, Nötigung und Gewalt (aus dem Koran: „*Sind die heiligen Monate vorüber, dann tötet die Götzendiener, wo ihr sie auch findet, fanget sie ein, belagert sie und stellt ihnen nach aus jedem Hinterhalt. Wenn sie sich aber bekehren, das Gebet verrichten und den Armenbeitrag entrichten, so lasset ihnen ihren Weg.*").

Nach deutschem Recht ist dies nach §130 **Volksverhetzung** und nach §130a **Anleitung zu Straftaten** („*Wer eine Schrift, die geeignet ist, als Anleitung zu einer in §126 Abs. 1 genannten rechtwidrigen Tat zu dienen, und nach ihrem Inhalt bestimmt ist, die Bereitschaft anderer zu fördern oder zu wecken, eine solche Tat zu begehen, verbreitet, öffentlich ausstellt, anschlägt, vorführt oder* *sonst zugänglich macht, wird mit Freiheitsstrafe bis zu drei Jahren oder mit Geldstrafe bestraft.*").

Fazit daraus ist, dass der Koran in der jetzigen Form auf den Index der „*Verbotenen Schriften*" gehört, wie bereits Hitler`s „*Mein Kampf*", solange er die gewaltauffordernden Elemente beherbergt.

Auch unter dem Deckmantel einer Religion, selbst wenn es sich um eine Weltreligion handelt, muss die Anstachelung zu Straftaten und Terrorismus unterbunden werden. Gleiches gilt auch für andere Religionsschriften, und da muss man auch mal kritisch die Bibel unter die Lupe nehmen und neu überdenken, ob nicht auch hier ein Straftatbestand nach unserem Gesetz vorliegt.

Also, wenn im Koran steht „*Tötet die Ungläubigen!*" und in der Bibel steht „*Tötet die, die über Gott fluchen!*", dann sind das klare Aufforderungen zu schwersten Straftaten, insbesondere dem Deutschen Recht nach. Da nützt es auch nichts darauf hinzuweisen, dass die Urheber dieser Texte und Anweisungen bereits längst verstorben sind und dass es sich hier um historische Texte handelt. Hier gilt dann ebenso wenig auch der Hinweis auf die Religionsfreiheit, denn verantwortlich sind nunmehr diejenigen, die diese Texte weiter verbreiten, also die Herausgeber. Sie sind nunmehr zur Rechenschaft zu ziehen, also anzuklagen. Die Freiheit, auch die Religionsfreiheit, hört da auf, wo sie andere bedrohen und Menschen gefährden.

Es wird die Bibel und den Koran sicher unvollständiger machen, wenn die Gewaltaufforderungen in ihnen entfernt werden, aber auf diese Gewalt und diese Vollständigkeit kann man sicher gerne verzichten. Wenn dieser Verzicht auch nur einem Menschen das Leben rettet (vermutlich werden es eher Tausende sein), dann hat es sich schon gelohnt diese Textstellen zu streichen. Wenn die Kirchen und Religionen in Zukunft weiter Bestand haben wollen, werden sie, wenn sie einsichtig sind, es sogar von selbst tun. Wir würden ja heute auch keine Religion mehr akzeptieren, die Menschenopfer darbietet, wie das in einigen früheren Kulturen der Fall gewesen war. Von diesen schlimmen barbarischen Taten sind wir glücklicherweise weg gekommen, aber der endgültig letzte Schritt, weg von jedweder Gewalt in den Religionen, liegt noch vor uns. Aus dem Koran wurden ja schon bereits Verse herausgenommen, die extreme Menschenrechtsverletzungen beinhalteten, wie beispielsweise das Steinigen von Ehebrecherinnen. In Afghanistan waren sie aber in der Herrschaftszeit der Taliban wieder eingesetzt worden und wurden auch rigoros umgesetzt. Und sie konnten sich nicht nur auf den Koran berufen, sondern auch auf die Bibel (aus dem Neuen Testament, Buch Johannes: *„Diese Frau ist ergriffen auf frischer Tat im Ehebruch. Mose aber hat uns im Gesetz geboten, solche zu steinigen."*).

Wer also nun angibt, dass dies ja nicht so ernst gemeint sei mit dem Aufruf zu Gewalt und Totschlag gegen Andersgläubige, weil das ja Jahrhunderte alte Texte seien und man die historische Zeit der Entstehung dabei berücksichtigen müsse, der soll sich einmal die vergangene Talibanherrschaft und damit einhergehend noch einmal den schrecklichen Terroranschlag vom 11. September 2001 in New York vor Augen führen, der die historische Ausführung des Korans in unserer Neuzeit war, von Gläubigen, die den Hunderte Jahre alten historischen Text immer noch als aktuelles Papier ansehen und den Aufforderungen zu Gewalt und Mord im Namen Allah`s auch nachgehen. Der Koran, und gleiches gilt auch für die Bibel, ist kein Roman, der irgendwo im Gewaltmilieu abspielt, es sind klare Aufforderungen nach ihrem Inhalt zu handeln und zu leben. Und es gibt dort drin klare Anweisungen, die Religion über das Gesetz zu stellen (beispielsweise im Neuen Testament, Buch Apostelgeschichte: *„Man muss Gott mehr gehorchen als den Menschen."*). Der islamische Terrorist Bin Laden erklärte in einem Interview sogar, die Tötung unschuldiger Zivilisten sei "*nach islamischem Recht zulässig*". Und genau das ist der Fall.

Man muss also unbedingt die letzten Stellen der Gewalt, und auch diejenigen Stellen, die eine Interpretierung zur Gewalt ermöglichen, aus dem Koran und aus der Bibel herausnehmen. Aber nicht nur die islamische Gesellschaft wird gut daran tun, endlich kritisch gegenüber dem Koran zu werden und die Gewaltaufrufe darin zu kritisieren, sowie zu entfernen, eben gleiches kann man auch von anderen Religionen verlangen. Dann wird zwar vieles in ihren Religionsschriften wegfallen müssen, aber für eine friedlichere und ethischere Zukunft wäre dies sicher wünschenswert. Die Religionsführer selbst sollten daher schon aus Gründen der Vernunft dafür einstehen, dass diese Textstellen der Gewalt aus ihren Religionsschriften herausgenommen werden, nicht nur in Deutschland, sondern überall, wo sie auf der Welt gelesen werden. Dafür sollten sie sich stark machen und darum werben, im Sinne ihres Glaubens.

Wenn die Gewalt Grundlage einer Religion ist oder sich auch nur in Teilen auf Gewalt beruft, beispielsweise zu Zwecken der

Weiterverbreitung und Umsetzung ihres Glaubens, unabhängig davon, dass sie auch positive Elemente beherbergen kann, dann ist diese Religion keine unterstützenswerte Religion. Da muss man die Bibel dann mit einschließen (Altes Testament, 2. Buch Moses, *Gott* sprach und drohte: „*Dann wird mein Zorn entbrennen, dass ich euch mit dem Schwert töte und eure Frauen zu Witwen und eure Kinder zu Waisen werden.*", „*... der soll des Todes sterben.*").

Einen solchen Gott, einer der nicht nur töten lässt, sondern sogar selber mordet und ausrottet, weil so viele Menschen ihm gegenüber Ungläubige und Zweifler sind, oder *nur* ethisch falsch handeln, der steinigen und Menschen verbrennen lässt durch anderer Menschen Hand, weil sie an andere Götter glauben, anstatt an ihn, der Städte und ganze Völker vernichtet, weil sie sich nicht ihm und seinem Gesetz unterwerfen wollen, der die Gläubigen als seine niederen Knechte haben will, als Sklaven seines Glaubens, der kann kein Gott sein, nein, der kann niemandes Gott sein, weil so einer kein Gott sein kann. Menschen zu töten und zu vernichten ist verbrecherisch, aber sicher nicht göttlich. Und ethisch ist es schon einmal ganz und gar nicht, es ist abgrundtief moralisch verwerflich. Auf Basis eines solch vermeintlichen Gottes, auf Basis dieser Religionen, die sich solch einen Gott zur Grundlage gemacht haben, auf so etwas lässt sich kein Weltethos begründen. Es ist die Basis des Todes, des Mordens, sowie des Quälens und wird dort hinführen, woher es kommt, ins Verderben.

Während also früher die Ausbreitung der Religion durch *Feuer* und *Schwert* vonstatten ging und die Sicherung der Religion durch Unterdrückung und Gewaltaufforderung, sowie –anwendung geschah, wird in einer ethischen friedfertigen Gesellschaft dies ein Grund sein, sich von den Religionen loszulösen. Die Menschen haben genug von Gewalt und Krieg. Sie haben auch genug von religiöser Heuchlerei und Fanatismus. Demut und Untergebenheit im Sinne eines Naturverständnisses noch ja, aber nicht für eine religiöse Ideologie.

Die Religion hatte auch massiven Einfluss auf die Wissenschaft genommen, ja manche Wissenschaft ist zu einer Art Religion geworden. Newtons *Trägheitsaxiom* war beeinflusst vom Glauben an Gott als der unbewegte Beweger, der alles erst in Bewegung setzte. Ein Glaube, der voraussetzt, dass schon etwas da sein musste, das man in Bewegung setzen konnte, auch wenn ein Gott dieses etwas erst erschaffen musste. Auch Albert Einstein mit seiner *Allgemeinen* und *Speziellen Relativitätstheorie* und andere Größen der Wissenschaft, setzten hier an und bauten darauf auf. Sie entwickelten ihre Physik im Sinne des *Trägheitsaxioms* von Newton hin aus und richteten ihre Theorie nach der Hypothese des unbewegten Bewegers ab. Und heutige Physikspezialisten knobeln derweil noch immer daran, wieso sie keine zusammenhängende Theorie erschaffen können. Dabei gibt es schon seit den achtziger Jahren eine Theorie (die *„Theorie der dynamischen Realität)"*, die nicht auf Newtons Trägheitsaxiom aufbaut und die daher zu anderen Ergebnissen kommt, weil sie von Gott, als dem unbewegten Beweger, absieht (im Internet auch zu lesen unter: „www.urformel.de"). Eine solche Theorie schließt die Existenz eines Gottes aus und widerlegt letztlich damit den Gottesglauben. Damit ist sie auch eine atheistische Philosophie. Es geht also auch ohne Gott, selbst in den Wissenschaften.

Ohne Gott gibt es zwar keinen von Gott vorgegebenen *Sinn des Lebens* für die Menschen. Das Weltall bleibt also ohne ihn kalt und leer, aber dennoch ist ohne göttlicher Lebenssinn das Leben der Menschen nicht sinnlos. Das Dasein selbst gibt dem Leben Sinn, eben *„Dazusein"*. Und wiederum *„Dagewesen"* zu sein, da ja alles vergänglich ist. Wer vor seinem Lebensende steht, der braucht nicht klagen, dass sein Leben ohne Sinn war, er war auf der Welt gewesen. Er hat in ihr gewirkt, wie viel auch immer, und er hat der an sich dunklen Welt einen hellen Schein gegeben; befristet zwar nur, wie ein aufflackernder Stern, aber man sollte ja auch nicht zu vermessen sein. Der Mensch ist eben im unendlich großen Weltall von seiner Größe her noch nicht mal ein Staubkorn. Dennoch: sein Wirken, sein Blick, sein Licht, sein Erkennen, seine Liebe reichen viel weiter noch, es umschließt die ganze Welt. Und da liegt die wahre Größe des Menschen. Hierin liegt sein tiefster Sinn. Und die bedarf keines Gottes. Sie bedarf allein der Menschlichkeit!

Mag es auch immer mehr Atheisten geben, so bedeutet das jedoch nicht, dass die Menschen deswegen immer ruchloser werden und nun die Welt im Chaos untergehen muss, sie ist ja auch so, wie sie ist, durch Gläubige geworden. Da die Gläubigen auf der Erde noch immer eindeutig in der Überzahl sind, tragen sie damit auch die größere Verantwortung für den Zustand auf diesem Weltkörper. Es war aber immer ein Privileg der Pfaffen, alles Schlechte den Ungläubigen, selbst den Andersgläubigen, in die Schuhe zu schieben, dafür sich aber rühmend, für die Wohltaten in dieser Welt, welche ja nur von ihresgleichen stammen könnten, verantwortlich zu sein.

In einem (vielleicht zukünftigen) aufgeklärten Zeitalter, wo Bibel und Koran ihre Gültigkeit verlieren (und auch andere Religionsschriften), weil für sie der Begriff „*Gott*" nunmehr die *Summe der höchsten Ideale des Menschen und seine tiefgründigsten Wünsche* bedeuten, und die Menschen frei geworden sind von dem Ballast eines *persönlichen personifizierten* Gottes (insbesondere einer der zürnt, knechtet und tötet) und sie diese Knechtschaft ablegen werden, somit kein Blut mehr im Namen eines „*Gottes*" verloren werden muss, wird der Atheismus wohl die größte „*Glaubensrichtung*" sein und klares Denken (Freidenkertum) anstelle von Mystizismus und Frömmigkeit treten. Und Frieden kann auf Erden herrschen, statt *Gottes*macht und Kirchenstaat. Doch genug hiervon. Es führt zu weit. Denn bei den über 40.000 verschiedenen Religionen ließe sich sicherlich zu jeder Religion das eine oder andere noch schreiben. Dies ist aber nicht der Sinn dieses Buches und es würde auch den gewollten Rahmen dieses Werkes sprengen. Die angeführten Beispiele stehen aber exemplarisch für den Zustand der Religionen im Gesamten. Man kann auch überspitzt dazu sagen: „*Kennt man eine, kennt man alle.*". Im Detail trifft das natürlich nicht zu und Ausnahmen bestimmen ja bekanntlich auch die Regel, aber im überwiegenden Teil mag man damit richtig liegen. Für dieses Buch will ich es jetzt dabei bewenden lassen. Mit Sicherheit werde ich aber in weiteren Werken noch zu anderen Religionen, die hier nicht genannt wurden, Stellung beziehen. Man darf gerne darauf gespannt sein!

Epilog

Das Projekt „*Weltethos*" von Theologieprofessor Hans Küng hat keine wirkliche revolutionäre verändernde Dynamik. Es liegt nunmehr seit Jahren im stillen Fahrwasser auf dem Ozean großer ethischer Gefühle. Hin und wieder bringt eine Welle dieses Schiff zum schaukeln, vorwärts kommt es jedoch nicht, vielmehr besteht die Sorge es könnte jeden Moment untergehen. Außer dem Schiffsführer und einer kleinen Crew von nicht bootserfahrenen Kirchenleuten, gibt es niemanden an Bord. Die Passagiere, die sie befördern wollen, kennen nicht den Kai, wo es festliegt – im wahrsten Sinne des Wortes „**fest**-liegt".

Ungleich stärker werden die Wogen sein, wenn die Menschen sich der „*Charta der Weltethik*" annehmen, Zuhause - vor Ort, in der Gemeinde und diese Bestrebungen zu einer globalen Ethikcharta in den Agenda 21-Prozeß mit einbinden, dort wo man Freunde mitnehmen kann und wo man neue Freunde kennerlernt, wo man sich nicht einer Gesellschaft anschließen muss und dann auf deren Segen angewiesen ist, nämlich akzeptiert und aufgenommen zu werden. Stattdessen: modern, selbstbewusst, verantwortungsvoll, frei und demokratisch, aus innerer Überzeugung heraus, die Ethik - für die man einsteht - mit Hilfe der Agenda 21 verwirklichen.

Niemand braucht moralisierende Theologen mit verstaubter Kirchenmoral, die ihr eigenes Credo anderen aufdrängen wollen. Besser kraftvoll und mit viel Schwung, mit eigenem Antrieb die Sache angehen – aufbrechend eben -, statt betrachtend die Welt nur zu begleiten und sie anderen zu überlassen, somit nur Empfänger dieser Welt weiterhin zu sein, statt ein wichtiger Teil von ihr.

Lieber mit eigener Motivation sie so gestalten, wie sei sein sollte, statt sich wieder vorschreiben zu lassen, wie wir sein sollen. Also besser mit Stolz und eigener Kraft die Welt gestalten (auch mit Blick auf kommende Generationen, denen wir eine bessere Erde hinterlassen wollen, als wie wir sie vorgefunden haben), als von anderen Menschen (Politikern, Theologen, Wissenschaftlern, etc.) uns sie gestalten zu lassen. Das ist das Ziel!

Fassen wir`s an! Es bleibt keine Zeit zu verlieren.

Ethik der Barmherzigkeit

Wer sein Leben lebt, ohne Not und nicht bereit ist andere aus ihrer größten Not zu befreien, in welcher sie Gefahr laufen umzukommen, dem soll es so gerechnet sein, als tötete er Tausende Menschen

(denn in die Zukunft hinein hat er es getan, denn es ist so, dass nur ein lebender Baum Früchte tragen kann).

Wer aber selbst nur einem Menschen aus seiner größten Not geholfen hat, so dass er überleben kann, dem soll es so gerechnet werden, als habe er die ganze Menschheit erhalten

(denn ein lebender Baum wird Früchte tragen können, aus diesen wiederum neue Bäume wachsen werden, die wiederum Früchte tragen - und so fort, bis weit in die Zukunft hinein).

Hinweis

Sicher werden die Leser/innen feststellen, dass nicht jedes Thema in diesem Buch aufgegriffen und behandelt wird, welches irgendwie mit Ethik zu tun haben könnte. Der angesetzte Rahmen ist hierfür viel zu klein. Somit wurde auch nicht von mir jedwedes Problem angesprochen und auch nicht zu allen möglichen Problematiken eine Frage gestellt, folglich auch nicht auf alles eine Antwort gegeben. Man hätte den Rahmen natürlich erweitern können, aber dazu fehlte leider die Zeit.

Doch warum fehlte die Zeit hierzu?

Es war der Druck der Zukunft, der sich auf die stetig neu hereinbrechende Gegenwart senkte. Und immer schneller kommt das Futurum auf uns zu und immer mächtiger werden die Vorausläufer ihrer Existenz. Das heißt, die Zukunft geht schon mit der Gegenwart schwanger, sie muss nur noch geboren werden. Aber die Wehen sind schon jetzt spürbar.

Dies möchte ich vor allem denen mit auf dem Weg geben, die Glauben, es sei noch ausreichend Zeit um auch später mit dem Prozess, der zu einer *Charta der Weltethik* führen soll, beginnen zu können, bzw. die Zeit sei jetzt noch gar nicht reif hierfür. Dem ist nicht so. Eher hätte dieser Prozess schon längst vor Jahren beginnen müssen.

Es geht zudem auch nicht darum, dass **ich** auf alles Antworten gebe, sondern vielmehr geht es darum, dass **Sie** Antworten suchen und finden, auf die Probleme unserer Zeit. Eigeninitiative ist also gefragt. Das Buch „*Charta der Weltethik*" ist der Versuch einen Weg aufzuzeigen, welche Richtung man einschlagen kann oder sollte. Ob der Versuch geglückt ist, wird die Zukunft zeigen.

Rege Beteiligung am Informationsdienst im Internet unter: „www.charta-der-weltethik.de" wird von allen erwünscht, die das Projekt „*Charta der Weltethik*" fördern wollen. Hier sollen die gegründeten Agenda-Gruppen ihre Informationen in einem Online-Forum veröffentlichen können.

Theorie der dynamischen Realität

Pierre Sens contra Albert Einstein

Diese Abhandlung zum Thema Urformel/Weltformel, und die dahinter steckende Theorie, liegt im wissenschaftlichen Disput mit Albert Einstein's Theorien. Sie ist aber keine reine Theoretische Physik, sondern im umfassenden eine streitbare Philosophie.

Im Internet zu lesen unter „www.urformel.de".

Die Wissenspille - ein Buch über Gentechnik - embryonale Stammzellenforschung - Präimplantationsdiagnostik - Künstliche Intelligenz - Beginn des Lebens - Selektion - Prävention - Rechte der Kinder - Menschenrechte.

Über die Gefahren, die eine neue (bio-)technologische Welt mit sich bringen wird, will dieses Buch informieren. Genomwissenschaft, Umweltzerstörung, die Wissenspille und viele andere Faktoren mehr werden in den nächsten Jahren unser Leben mitbestimmen, aus dessen Abgrund der Mensch nur herauskommt, wenn er selbst aktiv wird. Eine globale Ethikdiskussion steht aber erst noch in ihren Anfängen, sie wird neben Diskussionen zu Menschen- und Kinderrechten zukünftig eine immer bedeutendere Rolle einnehmen. Darum soll dieses Buch auch als einen Beitrag zu diesen Themen angesehen werden.

- ein Beitrag zum *Jahr der Lebenswissenschaften* -

2001, von *Pierre Sens*.

Weitere Infos und Bestellmöglichkeit im Internet unter:
„www.die-wissenspille.de".

Kreuz-Schach

ein Schachspiel für vier Personen
von
Pierre Sens

nähere Infos im Internet unter:

www.kreuz-schach.de